COMODIDAD
y gana al
MUNDO

TAILANDIA
EGIPTO ASIA
PAKISTAN
INDIA
NUEVA GUINEA
AFRICA
BHUTAN
ARABIA SAUDITA

GEORGE VERWER

Publicado por
Editorial **Unilit**
Miami, Fl. 33172
Derechos reservados

Primera edición 2000

Originalmente publicado en inglés con el título:
Out of the Comfort Zone por Operation Mobilization.
Se otorga permiso para que esta publicación pueda ser reproducida, o transmitida por algún medio —electrónico, mecánico, fotocopia, cinta magnetofónica u otro— para uso ministerial, no comercial y artículos para reseñas.

Traducido al español por: Fernando A. García Cruz
Cubierta diseñada por: Alicia Mejías

Citas bíblicas tomadas de la Santa Biblia, revisión 1960
© Sociedades Bíblicas Unidas
Usada con permiso.

Producto 495146
ISBN 0-7899-0844-1
Impreso en Colombia
Printed in Colombia

CONTENIDO

Reconocimientos 5

Introducción 7

1. El despertar de la gracia en el acercamiento a la obra misionera 11
2. Nosotros somos sus testigos 31
3. Tomando el mando 51
4. Sea un movilizador misionero 81
5. Futuros misioneros. ¿De dónde? 107
6. Fondos para la obra 129
7. Hechos 13, Rompiendo Barreras 2000 153

RECONOCIMIENTOS

Deseo reconocer el trabajo de Falcon Green que escuchó muchos de mis mensajes grabados y leyó otros artículos que he escrito para poder compilar este libro.

También quiero agradecer a Vera Zabramski y Hilary Pierce por todo el tiempo que invirtieron en la edición y la revisión, y a las miles de personas y los cientos de libros y artículos que han influido poderosamente mi vida.

Especialmente quiero agradecer a Billy Graham, mi padre espiritual, que a través de su predicación descubrí la vida y vida en abundancia.

INTRODUCCIÓN

Este libro fue escrito para líderes cristianos y especialmente siervos líderes que anhelan una realidad mayor en el cuerpo de Cristo y también para cualquiera que tiene sed de Dios y desea entender mejor lo que Él está haciendo y lo que quiere hacer en el mundo.

Espero que puedan leerlo jóvenes que deseen ser líderes en el engrandecimiento del Reino de Dios y también los miles que han trabajado con OM antes, así como compañeros de oración que se han mantenido firmes con nosotros en la obra por tantos años. Creo que dará una gran visión, por lo cual mi corazón arde en estos días.

Hace algunos años escribí un proverbio que con frecuencia he mencionado en mis reuniones. La gente siempre se ríe porque sabe que es la verdad.

"Donde hay dos o tres cristianos reunidos, tarde o temprano habrá confusión."

Tenemos, sin embargo, un Dios grande y soberano que se especializa en trabajar en medio de la confusión.

Vemos esto alrededor de nosotros y también desde Génesis hasta Apocalipsis. La Palabra dice: "Este tesoro está guardado en vasos de barro" y debemos enfrentar sus implicaciones. A menudo me refiero a esto como "el factor humano" y mucho es el resultado de nuestro pecado.

En lo que escribo esta introducción, mi esposa y yo acabamos de celebrar nuestro 40 aniversario de casados. Cerca de 450 personas se reunieron aquí en el Reino Unido, donde vivimos, para agradecer al Señor y celebrar. Estoy convencido de que sin mi esposa Drena, no estaría escribiendo este libro. Juntos hemos estado involucrados en la tarea que se habla en este libro por casi cuatro décadas y seguimos creciendo en la gracia y el conocimiento de Él en medio de nuestras debilidades y luchas. Aún estamos aprendiendo "Su gracia es suficiente y su poder se perfecciona en nuestra debilidad."

Este libro es un clamor por realidad, el tipo de realidad que vemos expresada en la vida de Jesucristo y en los pasajes de su Palabra. Es mi oración que profundicemos más en la Palabra de Dios, con todos sus misterios y paradojas, y que aprendamos más acerca de lo que es realmente la prioridad de Dios.

Con frecuencia, es más fácil enfatizar las diferencias que nos dividen, que las bases bíblicas de fe que nos unen. Cuando nos involucramos en las misiones y recordamos que las misiones es gente, debemos saber que seremos heridos en el alma muchas veces. Si no queremos ser heridos, entonces tenemos un problema real, porque mientras vivamos en este planeta, como Billy Graham una vez dijo: "Lo mejor de la vida, está lleno de tristeza." El poder ser capaces de perdonar a aquellos que nos hirieron es uno de los principios básicos de esta gran revolución espiritual.

Jorge Verwer

1

EL DESPERTAR DE LA GRACIA EN EL ACERCAMIENTO A LA OBRA MISIONERA

~~~

La gracia y sus enemigos

Una de las razones por las cuales decidí escribir este libro fue para mostrar el clamor de mi corazón por un despertar de la gracia en el área de la obra misionera. Este término "Despertar de la gracia" viene del libro con este título, de Charles Swindoll que me ha hablado poderosamente a mí y a miles de personas en los últimos años. El libro empieza con un recordatorio que los cristianos han sido salvos por fe y por la muerte de sacrificio de nuestro Señor Jesucristo en la cruz sin tener que pagar nada a cambio. Nosotros simplemente debemos aceptar este regalo dado a nosotros por gracia. Swindoll dice:

"Una vez que aceptamos su significado vertical (de gracia) como un regalo de Dios, la gracia horizontal (el extendernos hacia otros) toma lugar instantáneamente."*

Es de esta "gracia horizontal" de lo que deseo hablar en este capítulo. Esta es la cualidad que nos permite reconocer que individuos y grupos cristianos, incluyendo nuestro grupo, somos libres en Cristo de legalismos para crecer y trabajar como Él nos guíe.

Estad, pues, firmes en la libertad con que Cristo nos hizo libres, y no estéis otra vez sujetos al yugo de esclavitud.

Gálatas 5:1

Porque vosotros, hermanos, a libertad fuisteis llamados, solamente que no uséis la libertad como ocasión para la carne, sino servíos por amor los unos a los otros.

Gálatas 5:13

Muchos escritores espirituales han hecho énfasis en este mensaje. El libro de Stanley Voke *Personal Revival* (Avivamiento personal) es otro libro que me ha hablado poderosamente de esta

---

* Tomado del libro *El despertar de la gracia*, de Charles Swindoll, 1990, Editorial Word, EUA, derechos reservados. Usado con permiso.

verdad de la gracia. *Calvary Road* (El camino del calvario) de Roy Hession se ha recomendado como libro de texto en Operación Movilización desde nuestros inicios. Estos y muchos libros más nos llevan a las Escrituras donde grandes pasajes como 1 Corintios 13 y Efesios 4 muestran cómo vivir en comunión unos con otros.

> *El amor es sufrido, es benigno; el amor no tiene envidia, el amor no es jactancioso, no se envanece; no hace nada indebido, no busca lo suyo, no se irrita, no guarda rencor; no se goza de la injusticia, mas se goza de la verdad. Todo lo sufre, todo lo cree, todo lo espera, todo lo soporta.*
>
> 1 Corintios 13:4-7
>
> *Antes sed benignos unos con otros, misericordiosos, perdonándoos unos a otros, como Dios también os perdonó a vosotros en Cristo.*
>
> Efesios 4:32

Otro nombre que a veces le doy a esta cualidad es "criterio amplio". Pienso en el incidente registrado en los evangelios de Marcos y Lucas cuando Juan le dice a Jesús cómo los discípulos detuvieron a alguien que expulsaba demonios en Su nombre y que no era uno de ellos. Juan tuvo un criterio cerrado y legalista y esto aconteció: "Pero Jesús dijo: No se lo prohibáis; porque ninguno hay que haga milagro en mi nombre, que luego pueda decir mal de mí. Porque el que no es contra nosotros, por nosotros es" (Marcos 9:39-40). Jesús tomó esta situación con amplio criterio.

Romanos 8:28 es un versículo muy familiar, es otra de las Escrituras de amplio criterio.

> Y sabemos que los que aman a Dios, todas las cosas les ayudan a bien, esto es, a los que conforme a su propósito son llamados.

Nosotros, con frecuencia, usamos este versículo para animarnos cuando las cosas parece que no van bien, para recordarnos que la compasión de Dios aún nos rodea. Pero por supuesto, también lo podemos aplicar a otros cuando creemos que las cosas están saliendo mal porque ellos no están actuando correctamente. Las Escrituras se aplican aun a personas que siguen políticas y estrategias con las cuales no estamos de acuerdo.

Hay una necesidad muy grande de este acercamiento con un despertar de la gracia y un amplio criterio en la obra misionera. Hay tantas áreas donde la falta de la gracia causa heridas y tensión que limita la obra de Dios a lo largo del mundo. Con mucha frecuencia nuestra comunión como cristianos parece estar basada en las áreas de nuestra forma de pensar en lugar de los principios básicos del evangelio y la doctrina clara de la fe cristiana que es tan maravillosa y por la cual deberíamos estar unidos.

Swindoll enérgicamente cita los enemigos de la gracia como:

De afuera: "legalismo, expectaciones, tradicionalismo, manipulación, demandas, negativismo, control, comparación, perfeccionismo, competencia, crítica, lástima; y muchos otros;

De adentro: "orgullo, temor, resentimiento, amargura, espíritu no perdonador, inseguridad, esfuerzos carnales, culpa, vergüenza, murmuraciones, hipocresía y mucho más…. Todos asesinos de la gracia."

Pienso en todas las personas que han sido rechazadas, en algún grado, porque no estaban de acuerdo con las metas u objetivos de alguien, porque eran bautistas, anglicanos o porque no hablaban en lenguas, o no alcanzaron alguno de los cientos de requisitos, los cuales eran o no de importancia. Muchos se han sentido rechazados y han sido heridos porque no fueron aceptados por aquellos que enfatizaban los dones del Espíritu de alguna manera y ellos no compartían la misma interpretación de esos dones. Lo contrario es también verdad. Aquellos que hacen énfasis en los dones del Espíritu se han sentido rechazados por miembros del cuerpo de Cristo que opinan lo contrario.

Lo que hace que este problema sea más complicado y difícil es que a menudo los predicadores enfatizan esas pequeñas diferencias desde el púlpito y eso afecta la manera de pensar de sus congregaciones acerca de sí mismos y cómo evalúan a otros y sus creencias. Me parece que con nuestro comportamiento testificamos que estas pequeñeces son más importantes para nosotros que la unidad y la verdad que tenemos en Jesucristo por el nuevo nacimiento a través del Espíritu Santo. Necesitamos la gracia para esto.

Hablando con gracia de nuestro trabajo y el de otros

Una de las áreas donde la falta de gracia se muestra en forma más dañina es en las declaraciones presuntamente verdaderas que personas de un grupo, de iglesias, u organizaciones paraeclesiásticas, o agencias misioneras hacen acerca de otras, sin verificar primero si tienen la motivación correcta y una visión amplia. Muy a menudo los líderes de organizaciones hacen este tipo de declaraciones. Mi experiencia de más de 40 años de ministerio es que fácilmente podemos decir cosas negativas, de forma sutil, acerca de otro líder o su ministerio. Muchas veces esos comentarios carecen de bases verdaderas, las cuales conllevan a conclusiones falsas y generalizadas. Algunas veces, aun cuando tal vez los hechos son correctos, son puestos de tal forma que es doloroso y dañino.

La crítica constructiva seguida de un modelo como Mateo 18 es algo muy diferente:

> *Por tanto, si tu hermano peca contra ti, vé y repréndele estando tú y él solos; si te oyere, has ganado a tu hermano. Mas sino te oyere, toma aún contigo a uno o dos, para que en boca de dos o tres testigos conste toda palabra. Si no los oyere a ellos, dilo a la iglesia; y si no oyere a la iglesia, tenle por gentil y publicano.*
>
> Mateo 18:15-17

Confieso que conlleva una gran lucha encontrar el equilibrio entre decir la verdad abierta y valientemente, y actuar con amor. Yo pienso que muchos de nosotros en liderazgo, a menudo, no nos damos cuenta de lo que molestan las declaraciones falsas o extremas a otros líderes que las escuchan. Una vez que éstas se imprimen o salen por correo electrónico a todo el mundo, es casi imposible corregirlas. Si estamos llenos de gracia y amamos al Señor, entonces tendremos más cuidado de lo que decimos o escribimos acerca de otras personas.

En nuestra sociedad, el compromiso de decir la verdad está bajo amenaza. Cuando decimos algo que no es cierto, se necesita gracia para confesarlo y corregirlo. Algunos no pueden hacerlo y esto les lleva a encubrirlo.

Si tú piensa que no hay grandes "secretos" en el mundo cristiano, temo que estás a punto de recibir una gran sorpresa.

La ley en muchos países dice que eres inocente hasta que se demuestre lo contrario, pero a veces en el cuerpo de Cristo tú eres culpable hasta que se prueba tu inocencia. Que Dios tenga misericordia de nosotros por este hábito. Si deseamos ver una gran victoria en esto días de confusión, entonces debemos escucharnos unos a otros y tratar de mantener la comunicación entre nosotros con gracia. Esto es verdad en actividades misioneras, en nuestra iglesia local y por supuesto en nuestros matrimonios y en toda relación interpersonal.

Junto con la crítica sin gracia, a menudo, tenemos la tendencia de hacer reclamos exagerados, de nuevo, sin siquiera tener la motivación correcta. Muchos están confundidos y aun enojados cuando oyen los alardes de otro cristiano, pero pocos tienen el coraje para llamar a la persona a contar y preguntarle de forma más específica acerca de lo que ha dicho. Muy triste ha sido el uso del término "evangélicamente hablando" que se le ha dado el significado de algo que es una declaración o estadística exagerada. Cualquier esfuerzo que podamos hacer para reportar números con más exactitud será una gran victoria para aquellos involucrados en la obra misionera.

Por ejemplo, cuando en la televisión o en una estación de radio se habla acerca de tener una audiencia aproximada, cometemos un grave error si reportamos eso como una cantidad determinada de personas que ven u oyen ese programa en particular. Y con seguridad podemos estar de acuerdo en que una decisión o profesión de fe no significa que la persona es un verdadero cristiano. Alguien dijo una vez que si todas las conversiones de que se hablan en su país fueran ciertas, entonces cada persona en la nación estaría convertida dos veces. Si estimamos a nuestros oyentes entonces debemos ser cuidadosos con los hechos.

Por otro lado, los que están enojados u ofendidos por las exageraciones o declaraciones erróneas de líderes de otras misiones, no deben echarlos a un lado sin antes hablar con ellos para confrontarlos. Si ellos saben algo de la realidad del quebrantamiento y del camino de la cruz, deberán ser lentos para condenarlos o para hablar mal de ellos, especialmente de un líder en la obra del Señor. Al mismo tiempo, aquellos que hacen declaraciones exageradas y desde un punto de vista muy particular deben ser más accesibles y estar dispuestos a rectificar. Ellos también deben ser más diligentes en su preparación e investigaciones y hacer un esfuerzo adicional para mantenerse en los hechos exactos. Tendrán que aprender a amar a los que los critican y abstenerse de hacer declaraciones inadecuadas acerca de ellos y sus ministerios.

En un capítulo titulado "La gracia de dejar a otros ser" *The Grace to Let Others Be*, Charles Swindoll identifica dos tendencias poderosas que anulan la gracia de las personas en su trato otras. La primera es la tendencia de comparar, de lo cual dice:

> Antes que podamos demostrar suficiente gracia para dejar a otros ser ellos mismos, tendremos que deshacernos de la tendencia legalista de comparar (lo cual es una forma de legalismo). Dios nos ha hecho a cada uno de nosotros tal como somos. Él está trabajando duro para moldearnos a la imagen que Él tiene en mente. Su único modelo (para el carácter) es su Hijo. Él quiere que cada uno de nosotros sea único…. Una combinación de características y aspecto individuales, como ninguna otra persona.

La segunda es la tendencia a controlar. Swindoll dice:

> Los controladores ganan por medio de la intimidación, ya sea física o verbal, amedrentando tratan de

manipularnos para que hagamos su voluntad…. Cualquiera que sea el método, controlando o comparando, anulan la gracia. Si tú te has dedicado a controlar a otros, la gracia es un concepto extraño para ti."

Lo opuesto a estar lleno de gracia es la tendencia humana a ser legalista, de mente cerrada e inflexible, lo cual muchas veces hasta cierto punto es para encubrir nuestros temores e inseguridades.

Para serles franco, creo que hay cristianos que quieren ser honestos pero que tienen un concepto equivocado de las Escrituras, esto es debido al énfasis exagerado que se hace de versículos fuera de su contexto, en lugar de tomar todo el consejo de Dios.

Es asombroso que algunas iglesias que conocí hace 20 años, y que nacieron de la libertad del Espíritu, con muchas ideas y estrategias nuevas ahora son más rígidas en ciertas cosas que la antigua iglesia de donde salieron en busca de la gracia, la libertad y la verdad. Si tú tratas de confrontar algunos de estos líderes nuevos (viejos ahora) podrás ver por su actitud que la historia vuelve a repetirse.

¿No tenemos acaso 2000 años de pruebas de la variedad de formas que Dios obra? Misiones diferentes tienen estrategias diversas y aun dentro de una misión o iglesia pueden haber tensiones y división sobre las estrategias y los detalles de cómo deberían hacerse las cosas. ¿Debemos ser tan dogmáticos sobre asuntos donde la Biblia no es tan clara? ¿Podemos aceptar que Dios obra en formas diferentes entre los diversos grupos de personas? La obra de Dios es mayor que cualquier compañerismo u organización. Para hacer el trabajo necesitamos organizaciones que respondan a necesidades específicas.

Por ejemplo, Dios permitió la existencia de Operación Movilización con un propósito específico: Para movilizar jóvenes de Europa y de Norteamérica alrededor del mundo. No alabamos organizaciones ni las atacamos por no estar de acuerdo con ellas. Las valoramos en el contexto de su propósito específico y deberíamos tener amplio criterio al respecto. Recuerda el mensaje de Filipenses 2 que debemos estimar a otros como superiores a nosotros mismos.

Nada hagáis por contienda o por vanagloria, antes bien con humildad, estimando cada uno a los demás como superiores a él mismo; no mirando cada uno por lo suyo propio, sino cada cual también por lo de los otros.

Filipenses 2:3-4

¿No deberían las implicaciones prácticas de ello traer una revolución de amor y gracia? Esto podría significar que, así como nos enfrascamos en los planes, metas y estrategias de nuestra propia organización (que por supuesto así debe ser) nos volveríamos de amplio criterio y entenderíamos más de la visión total, de lo que está sucediendo, y de la unidad en el cuerpo de Cristo.

Qué mavilloso sería si escucháramos a líderes de organizaciones misioneras hablar de forma positiva de los planes, metas y estrategias de otros y también que escritores y cantantes cristianos promovieran el trabajo de otros y no sólo el de ellos, llevando los libros y materiales de estas personas a los lugares donde se reúnen. Agradezco a Dios por los que ya lo hacen.

Estimar a otros grupos o individuos como mejores que nosotros mismos abarcaría más que sólo hablar a favor de ellos. También incluiría que un grupo esté bajo la tutela de otro para asistirle con dinero, recursos prácticos, conocimiento y oración. Debe haber un equilibrio porque, por supuesto, cada grupo misionero tiene su propia visión dada por Dios, no debemos aspirar que haya unidad donde no es necesario, ni insistir cuando no debemos hacerlo. Tampoco debemos usar esto como excusa para escapar y negar que las Escrituras nos exhortan a estimarnos unos a otros y actuar con gracia hacia los demás, del mismo modo que Dios hace con nosotros.

Gracia donde hay un desacuerdo genuino

Así que necesitamos ser más conscientes de la gracia en la forma en que hablamos de otros, cuando reportamos el progreso que estamos teniendo en la tarea de la expansión del evangelio, en nuestro acercamiento práctico al trabajo de otros y sensibilidad hacia la cultura y las diferencias teológicas de los demás. Pero también necesitamos gracia dentro de los muchos debates genuinos en la iglesia sobre la mejor forma de operar para completar la Gran Comisión.

Con frecuencia, las diferentes opciones de hacer el trabajo en las misiones se presentan como incompatibles o como: una u otra, en vez, de cualquiera de las dos, o ambas. Hay muchas de estas controversias y algunas de ellas las encontrarán más adelante en otros capítulos. Por ejemplo, yo trato con el debate sobre el valor relativo de un misionero "que hace tiendas" y uno que es un profesional, ambos trabajan jornada completa. Y si se debe pedir dinero para la obra misionera o no, o si debemos enviar misioneros occidentales o concentrar los recursos en obreros "nacionales".

En todos estos debates mi ruego es que con un despertar de la gracia haya un acercamiento, el cual estime las formas en que otras personas hacen las cosas, que no compara o controla y que no dice "esta es la única manera" y la cual no juzga a una organización fuera del contexto de su propósito específico. Al mismo tiempo, donde hay un desacuerdo genuino, que haya una discusión constructiva en amor y, en algunos casos, una confrontación constructiva, en amor también. Seamos honestos acerca de nuestras diferencias. Como cristianos con un compromiso de llevar el evangelio al mundo, por supuesto que algunas veces habrá desacuerdos genuinos, y en algunas ocasiones tendremos que tomar una posición dura.

Algunas veces deseo que los cristianos tomen con mayor seriedad los Diez Mandamientos, la doctrina de la salvación por gracia y la necesidad de responder a la Gran Comisión, sólo por mencionar algunos ejemplos. Donde la cooperación no es posible en temas clave, entonces deberíamos tener la gracia para estar en desacuerdo amorosamente y seguir adelante con nuestro trabajo.

Quiero que veamos una controversia en particular en el mundo de las misiones, de la cual no se menciona detalles en ningún otro capítulo del libro, como un ejemplo de cómo se debe abordar con gracia y amor para encontrar la solución. En el desacuerdo sobre quién es el candidato más indicado para cierto trabajo misionero. Hay una gran controversia sobre la palabra "apóstol" en la iglesia hoy en día, por supuesto, las iglesias y denominaciones deberían usar este término como ellos deseen sin condenar a aquellos que no lo usan igual. En algunos círculos sólo se usa para referirse a un número pequeño de personas calificadas y altamente dotadas. Esta forma de pensar apoya el punto de vista que sólo "los mejores" candidatos deberían considerarse para la obra misionera. Estoy totalmente de acuerdo con la práctica de seleccionar con cuidado los candidatos, pero la larga historia de la iglesia demuestra que Dios envía y usa todo tipo de personas con una gran variedad de dones y talentos. Stephen Gaukroger en su libro *Why Bother With Mission* (¿Por qué preocuparse por las misiones?), dice:

> La historia de las misiones es una historia llena de colorido de "personas parecidas a héroes" caracterizadas por la obediencia en lugar de la habilidad. Una y otra vez Dios confirma su palabra: "Pues mirad, hermanos, vuestra vocación, que no sois muchos sabios según la carne, ni muchos poderosos, ni muchos nobles; sino que lo necio del mundo escogió Dios, para avergonzar a los sabios; y lo débil del mundo escogió Dios, para avergonzar a lo fuerte" (1 Corintios 1:26-27).

Agencias modernas de misiones a corto plazo, a menudo, reciben jóvenes sin una experiencia misionera real. Como consejero en el campo misionero, el método usado por Jesucristo, ha probado ser uno de los mejores para producir líderes de iglesias a largo plazo y misioneros de este tipo de personas. Algunos suponen que si tienen muchos candidatos nuevos (especialmente jóvenes) ellos no serán obreros capacitados. Mi experiencia me ha demostrado, y me gusta testificar con la verdad, que Dios usa todo tipo de personas. Libros como "El evangelio del Andrajoso" (Ragamuffin Gospel) hacen que este punto sea bien recibido por muchos cristianos, pero tristemente cuando "un andrajoso" siente que Dios le guía a ser misionero o misionera, enseguida muchos comienzan a preocuparse por el tema de la calidad.

Cuando tenía 19 años, yo era uno de esos "andrajosos" a quien Dios de alguna manera envió a México. Hoy día, ¿por qué es que hay tantos que echan baldes de agua fría a jóvenes u otros que quizás no sean "apóstoles" (de acuerdo a la definición de algunos), pero que desean salir a servir a Dios? De alguna manera el perfeccionismo se ha unido al legalismo y estos dos juntos ahora detienen, incluso, a los más sinceros y celosos discípulos, para tomar pasos de fe en el área de las misiones. Martin Goldsmith en su libro *Don't Just Stand There* (No te quedes allí parado) afirma:

> Las misiones necesitan personas altamente capacitadas, pero también se necesitan buenas personas que no tengan mucha preparación académica o sean profesionales. Las misiones desean trabajar con

personas de todo tipo, así que se necesitan obreros con diferentes experiencias y antecedentes culturales.

Dejemos que nosotros los líderes de más edad, y que se supone somos más maduros, entendamos que muchas de las llamadas "personas capacitadas" de nuestra generación han sido derrotadas en la batalla o han caído en pecados muy serios. Los errores y pecados realmente grandes que causan pesar en el cuerpo de Cristo y que en ocasiones son difíciles de abordar, por lo general, no son los pecados de algunos jóvenes inexpertos en un viaje misionero a corto plazo que siguen un llamado a movilizarse. Como hijos de Dios debemos ser compasivos y preocuparnos por nuestra juventud. En lugar de condenar su música o la forma en que se visten, deberíamos mostrarles amor y gracia. No debemos comparar lo que creemos son nuestras áreas fuertes con sus áreas débiles, sino enfrentar nuestras áreas débiles de forma más realista y aprender a cubrir sus debilidades con amor. De esta forma podremos empezar a reconocer la gran energía y compromiso que ellos ponen en su tarea de llevar el evangelio a aquellos que tienen necesidad.

Charles Swindoll en su libro *"El despertar de la gracia"* titula uno de sus capítulos: "Discrepar con gracia y avanzar". Las palabras de este título, en muchas formas, hacen una descripción perfecta del acercamiento que les animo a tomar en las controversias que menciono en éste y otros capítulos. Swindoll dice:

> Una señal de madurez es la habilidad de estar en desacuerdo sin ser uno que nunca está de acuerdo. Se necesita la gracia. En efecto, manejar desacuerdos con tacto es uno de los logros coronados de gracia.

Él continúa y hace referencia a Efesios 4:29-32; palabras que encajan para finalizar un capítulo sobre la necesidad de un despertar de la gracia en la obra misionera. Ya he mencionado el versículo 32 pero aquí está todo el pasaje:

> *Ninguna palabra corrompida salga de vuestra boca, sino la que sea buena para la necesaria edificación, a fin de dar gracia a los oyentes. Y no contristéis al Espíritu Santo de Dios, con el cual fuisteis sellados para el día de la redención. Quítense de vosotros toda amargura, enojo, ira, gritería, maledicencia y toda malicia. Antes sed benignos unos con otros, misericordiosos, perdonándoos unos a otros, como Dios también os perdonó a vosotros en Cristo.*

Mientras escribía este libro, comencé a leer *What's So Amazing About Grace?* (¿Qué es lo maravilloso de la gracia?) de Phillip Yancey que ganó el premio "el libro del año" de la Asociación de

Publicadores Cristianos. Yo les animo a leerlo como parte de su peregrinación para ser una persona más consciente de la gracia.

Sugerencia para lectura:

The Grace Awakening (El despertar de la gracia), de Charles Swindoll (Editorial Word).

What's So Amazing About Grace? (¿Qué es lo más maravilloso acerca de la gracia?), de Phillip Yancey (Editorial Zondervan).

Personal Revival (Avivamiento personal), de Stanley Voke (Literatura de OM).

Calvary Road (El camino del Calvario), de Roy Hession (Cruzada Estudiantil para Cristo).

Commentary on Galatians (Comentario sobre Gálatas), de Martín Lutero (Libros selectos de Fleming H. Revell)

Libros de referencia:

Don't Just Stand There (No te quedes ahí parado), de Martin Goldsmith (IVP)

The Ragamuffin Gospel (El evangelio del "Andrajoso") de Brenan Manning (Multnomah)

2
NOSOTROS SOMOS SUS TESTIGOS

Llamado a testificar:

Stephen Gaukroger define a un misionero transcultural en su libro *"¿Por qué preocuparse por las misiones?"* de la siguiente manera: .

> Uno que es comisionado y enviado por su iglesia local a cruzar barreras culturales para que testifique de Jesucristo. Estas barreras quizá pueden ser el idioma, la geografía, o la sociedad. Ella o él :
>
> - Presentará a Cristo a través de su vida, actitudes, acciones y palabras.
>
> - Llevará a los que aceptan a Cristo a unirse al compañerismo de una iglesia. Si no hay ninguna iglesia tendrá que plantarse una allí.

¿Por qué deberías tú u otra persona, tomar el desafío de este tipo de trabajo misionero? ¿Por qué preocuparnos por las misiones? Esta no es la misma pregunta que "¿por qué necesitamos más misioneros?" Ni tampoco es igual a: "¿Cómo animas a otros a involucrarse en la obra misionera?" La pregunta ¿por qué debería involucrarme en las misiones? es algo más que el conjunto de las anteriores porque incluye una decisión personal, guiada por el Espíritu y centrada en Dios para la dirección de tu propia vida. Tal decisión será compleja y nunca sugeriría otra cosa.

Lo que debe enfrentarse definitivamente es el hecho de que Dios, a través de su Palabra, nos dice que debemos ser sus testigos. El desafío de la Gran Comisión fue dado en Mateo 28:19-20, Marcos 16:15, Lucas 24:46-49 y en diferentes términos en Juan 20:21-23. Hechos 1:8 también es un versículo vital en este contexto. Léelo cuidadosamente.

> *Pero recibiréis poder, cuando haya venido sobre vosotros el Espíritu Santo, y me seréis testigos en Jerusalén, en toda Judea, en Samaria, y hasta lo último de la tierra.*

Este versículo nos dice que debemos ser testigos de Cristo, para construir su reino, donde estamos (Jerusalén) y en todo el mundo (hasta lo último de la tierra). Esto me sugiere que deberíamos empezar a testificar ahora, sin importar el lugar donde nos encontremos. Stephen Gaukroger dice:

> Por lo tanto la Biblia nos indica la prioridad de las misiones con una inexorable lógica y un entusiasmo apasionado. La naturaleza y actividad de Dios Padre, la obra y palabra de Dios Hijo y el ejemplo de la iglesia primitiva llena de poder por el Espíritu Santo son claros. El Espíritu Santo aplica las Escrituras a nuestras vidas en la manera que nos sometemos a su autoridad. Nos ha sido encomendado ser activistas para la causa de las misiones hasta que Cristo vuelva, preparándonos para el gran destino que nos espera. Fundamentalmente la Biblia afirma que nuestra fe cristiana es una misión de fe; si no lo es, debemos preguntarnos entonces si es una fe bíblica del todo.*

Existe el lado del "ser" y el "hacer" al testificar. Así como muchas cosas que se discuten en las iglesias hoy en día, este no es el caso de "éste o aquél" sino de "ambos". A.W. Tozer lo describe así:

> Si la naturaleza humana fuese perfecta no habría discrepancias entre el "ser" y el "hacer". El hombre perfecto viviría simplemente por su ser interior. Sus acciones serían la expresión de su ser interior."

Como es con la naturaleza humana, de cualquier manera, las cosas no son tan simples. El pecado ha

---

* Tomado de: *¿Por qué preocuparse por las misiones?* de Stephen Gaukroger, IVP. Usado con permiso traído confusión moral a la vida y ésta se ha vuelto difícil.

Esos elementos dentro de nosotros que se crearon con la intención de que trabajaran juntos en una armonía única son a menudo aislados el uno del otro, en su totalidad o en parte y, tienden a la hostilidad entre ellos. Por esta razón la simetría del carácter es extremadamente difícil lograrla.* *Root of the Righteous* (Las raíces del justo).

Una vida santa de amor e integridad divina, sin importar la vocación de la persona, es un poderoso testigo por sí misma. No obstante, el libro de los Hechos y la historia de la iglesia, muestran que ser testigo también es hablar valientemente de Jesucristo. El libro de John Grisham, *Then Client* (El Cliente) muestra que ser testigo de un asesinato puede ser peligroso y complicado. Sabemos que este es el caso cuando intentamos ser testigos fieles de la muerte y resurrección del Señor Jesucristo. Mi corazón anhela claridad y sencillez acerca de esto. Seamos cuidadosos cuando entramos en la estrategia de las misiones de que toda esta complejidad no nos intimide. El énfasis que se hace en el libro de los Hechos acerca de la valentía, debería ayudarnos a hablar y recordar tanto el lado del "hacer" como el del "ser" al testificar.

---

* Tomado de: *Las raíces del justo de A.W.Tozer, 1955,1986. Publicaciones* Cristianas de Camp Hill, PA. Usado con permiso.

Para muchos cristianos no es un tema contencioso. Ellos entienden que deben ser testigos dentro de su localidad, donde se encuentra su hogar o trabajo, viviendo vidas santas y hablando a otros de Cristo. Muchos tienen una carga por las áreas necesitadas de su propio país, y tal vez por las grandes ciudades. Mientras que ha habido falta de énfasis en lo "último de la tierra". Hay una tendencia a pensar que otros se están ocupando de eso.

Algunos están tan apesadumbrados por las necesidades que los rodean que no pueden levantar la mirada a otras partes del mundo, y otros, especialmente en los países que tradicionalmente han enviado misioneros, están mal informados y simplifican una situación compleja al decir que ya no se necesitan los misioneros occidentales o que "mantenerlos es muy costoso", y que el apoyo a los obreros nacionales debería sustituir el enviar obreros a otros lugares. Algunos grupos y personas se han confundido por la idea de que las llamadas "personas muy capacitadas" son las que se necesitan en el campo misionero, cuando en realidad se necesitan personas de todo tipo para cubrir una gran variedad de trabajos. Muchos se han vuelto insensibles por las poderosas imágenes y las palabras de los medios de comunicación, y no son capaces de entender las necesidades de los lugares distantes simplemente porque alguien les hable al respecto.

Sólo al estar allí, sentir y percibir por sí mismos podrán entender la necesidad que existe. (Esto, a propósito, es una de las razones de por qué creo que los programas de misiones a corto plazo funcionan, a pesar del riesgo, y pueden ser muy valiosos para despertar un entendimiento de las necesidades de "lo último de la tierra".)

Por consiguiente, la falta de énfasis en lo "último de la tierra" puede ser comprensible pero no podemos pasar por alto la promesa clara y el mandamiento que el Señor nos dio en el pasaje de Hechos mencionado anteriormente. Las Escrituras son claras, nuestra responsabilidad no termina en "Jerusalén". El apóstol Pablo enfatizó la necesidad de dirigirnos hacia los no alcanzados.

> *Y de esta manera me esforcé a predicar el evangelio, no donde Cristo ya hubiese sido nombrado, para no edificar sobre fundamento ajeno.*
>
> Romanos 15:20

> *Y que anunciaremos el evangelio en los lugares más allá de vosotros, sin entrar en la obra de otro para gloriarnos en lo que ya estaba preparado.*
>
> 2 Corintios 10:16

El poder para testificar

Al igual que respondemos a la Gran Comisión no deberíamos olvidar la promesa que contiene: "recibiréis poder cuando haya venido sobre vosotros el Espíritu Santo." Un testigo verdadero experimenta el poder de Dios. La Biblia lo dice muy claro, que la fortaleza para vivir la vida cristiana viene del Señor.

> *Pero tenemos este tesoro en vasos de barro, para que la excelencia del poder sea de Dios, y no de nosotros.*
>
> 2 Corintios 4:7

Este poder no significa necesariamente grandes señales, milagros y sanidad. Algunas personas parece que creen que si estas señales y maravillas no se presentan, entonces no hay poder. Este no es el caso. Al mismo tiempo, en el libro de los Hechos dice claramente que el Espíritu dará valor. Debemos evitar irnos a los extremos acerca de esto, creyendo que una fórmula perfecta (tal como la presencia de supuestas señales de autenticidad) nos permitirán hacer todo tipo de cosas que nunca antes habíamos hecho. La clave es ver al Espíritu Santo como el que toma las decisiones de cómo se debe conducir la obra misionera.

Hechos 1:8 también nos promete que los testigos serán llenos del Espíritu Santo. Es triste, pero creo que ideas extremistas y desequilibradas acerca del Espíritu Santo y la santificación han confundido y desanimado a muchas personas. Tendemos a olvidar que cualquier llenura del Espíritu Santo que tengamos, aún existe el "factor humano". Somos personas comunes con luchas, errores y debilidades. Cada vez más, estoy convencido de que Dios llena y usa diferentes clases de personas, muchas de las cuales quizás no parezcan muy prometedoras de acuerdo a las normas tradicionales. Cuando era joven tenía tendencia al extremismo y a la "superespiritualidad". Si no hubiera aprendido a aceptar mi "factor humano" y el de otros hubiera sido sacado de la carrera desde hace tiempo.

Si estas desanimado por tu "humanidad" y el hacerle frente a la Gran Comisión, y estás sobrecargado y paralizado por el tamaño de este desafío, entonces considera por un momento el alcance de la debilidades de Pablo expresadas en 2 Corintios 12:8-10.

> *Respecto a lo cual tres veces he rogado al Señor, que lo quite de mí. Y que me ha dicho: Bástate mi gracia; porque mi poder se perfecciona en la debilidad. Por tanto, de buena gana me gloriaré más bien en mis debilidades, para que repose sobre mí el poder de Cristo. Por lo cual,*

por amor a Cristo me gozo en las debilidades, en afrentas, en necesidades, en persecuciones, en angustias; porque cuando soy débil, entonces soy fuerte.

El mismo Pablo que fue usado en gran manera, del cual seguimos sus historias heroicas a través del libro de los Hechos, tuvo el mismo sentir de debilidad y él, guiado por el Espíritu Santo, nos dio estas palabras alentadoras.

Avanzando después de un desaliento

Así como respondemos al desafío de la Gran Comisión, animados por la promesa de que nos será dado poder cuando seamos llenos del Espíritu Santo, hay dos formas de pensar y actuar, las cuales necesitamos cultivar. La primera es la determinación para levantarte y seguir después de un desánimo. Tenemos que aceptar eso, cuando nos involucramos en misiones, habrá errores, fracasos y pecados. Aunque deberíamos lamentarnos por esto, no debemos dejarnos intimidar por ellos y permitirles arrinconarnos en la inactividad, sino debemos usarlos como deslizadores que nos impulsan hacia cosas grandiosas para Dios. Una vez vi un libro titulado: *Failure: The Back Door to Success* (El fracaso: La puerta trasera al éxito) por Irwin Lutzer. ¡Qué libro tan extraordinario! Para serles honesto nunca lo leí, pero el título realmente me impactó. Los "andrajosos", a pesar de todos sus esfuerzos, fallan, y algunas veces no cumplen sus promesas. La Biblia nos muestra la actitud correcta para este tipo de pecado (por supuesto que no toda falla es pecado).

Hijitos míos, estas cosas os escribo para que no pequéis; y si alguno hubiere pecado, abogado tenemos para con el Padre, a Jesucristo el justo.

1 Juan 2:1

Uno de los aspectos más importantes del andar con Jesús es aprender la lección de cómo levantarnos cuando caemos. Seguro que es a esto a lo que se refiere Hebreos 12:7-11.

Si soportáis la disciplina, Dios os trata como a hijos; porque ¿qué hijo es aquel a quien el padre no disciplina? Pero si se os deja sin disciplina, de la cual todos han sido participantes entonces sois bastardos, y no hijos. Por otra parte, tuvimos a nuestros padres terrenales que nos disciplinaban, y los venerábamos. ¿Por qué no obedecemos mucho mejor al Padre de los espíritus, y viviremos? Y aquellos, ciertamente por pocos días nos disciplinaban como a ellos les parecía, pero éste para lo que nos es provechoso, para que participemos de su santidad. Es verdad que ninguna disciplina al presente parece ser causa de gozo, sino de tristeza; pero después da fruto apacible de justicia a los que en ella han sido ejercitados.

Si nosotros andamos con Dios él nos disciplinará cuando fallemos para nuestro bien. Estas son palabras serias, pero ten cuidado de no imponértelas tú mismo. Aprende a disfrutar de la vida mientras avanzas.

Recuerdo con claridad un gran fracaso que tuve en el año 1961, por lo cual Dios me disciplinó. Yo estaba viviendo en España pero estudiaba ruso porque mi visión era por los musulmanes y los comunistas en el mundo.

En el verano de 1961 me dirigía a Moscú con un vehículo lleno de Biblias que llevábamos escondidas. Tenía una gran visión. Has oído del hermano Andrés, conocido como el contrabandista de Dios. Yo era el chapucero de Dios. Ese verano terminó con nuestro arresto por la KGB, los periódicos inmediatamente reportaron, "fueron atrapados unos espías americanos". Después de unos días de interrogatorios decidieron que éramos fanáticos religiosos y escoltados con guardias nos llevaron a la frontera con Austria. Fue después de haber pasado el susto, en un día de oración, que la gran visión e idea vino a mí con el nombre de "Operación Movilización". Una vez más por la gracia de Dios, en medio de un fracaso, algo grandioso nació y pronto explotó espiritualmente a todo lo ancho del mundo.

¿Alguna vez, después de fracasar has sentido que perdiste el plan A de tu vida? Si lo has sentido, entonces agradécele a Dios por su soberanía y la realidad de Romanos 8:28: "Y sabemos que a los que aman a Dios, todas las cosas les ayudan a bien, esto es, a los que conforme a su propósito son llamados." El plan B o C puede ser tan grandioso como el plan A. Quizá pienses que has cometido muchos errores y que has tomado muchas decisiones equivocadas en tu vida. Tal vez te sientes en el plan F o G. Yo digo, "Gloria a Dios porque él tiene un gran alfabeto", sigue adelante! No importa cuánta angustia, desánimo y dificultades puedan haber, necesitamos mantener una actitud positiva y de gracia para seguir adelante en nuestra respuesta al llamado de Jesucristo de serle testigos por todo el mundo.

Tome la iniciativa

Un segundo pensamiento positivo que necesitamos cultivar es estar dispuestos a entrar en acción. Este es un planteamiento que involucra el decidir y actuar. Las palabras "estar dispuestos a entrar en acción" aparecen reflejadas en cada página del libro de los Hechos. Muchos de los hijos de Dios toman demasiado del viejo cóctel depresivo del perfeccionismo, al mirar dentro de ellos y con esperanzas falsas, lo cual lleva a una nueva forma de dependencia espiritual, totalmente fuera de la realidad que oímos en el libro de Hechos.

C.S. Lewis dijo que tenemos tendencia a pensar, pero sin actuar y sentir, no actuamos. Si nos dejamos llevar por lo que sentimos y pensamos sin actuar, entonces un día no seremos capaces de actuar. "¿Estás esperando por algún llamado especial antes de irte a tomar tu lugar estratégico en el plan global de Dios?" Ve que dicen Bob Sjogren y Bill y Amy Stearns en su libro: *Run With the Vision* (Corre con la visión).

> No esperes más. Nosotros como hijos de Dios hemos sido sin duda mandados, comisionados y llamados. Debemos alinearnos con el objetivo de hacer seguidores y discípulos de toda persona, incluyendo los nuestros. En palabras del Antiguo Testamento, estamos para bendecir a toda la humanidad con gracia dándoles el privilegio de unirse a la familia de Dios a través de la redención en Jesucristo.

Salgamos de la inactividad y depositemos nuestras vidas en el Señor en una forma nueva, refrescando todo lo que tenemos en Cristo. Recuerda que en él están guardados "todos los tesoros de la sabiduría y el conocimiento" (Colosenses 2:3).

Hay formas sutiles de desánimo que toman lugar. En algunos lugares hoy en día se hace mucho hincapié en el avivamiento, este énfasis viene algunas veces con confusión e ideas extremas de cómo debería ser. La gente habla de los grandes avivamientos del pasado, pero no siempre cuentan toda la historia. Con frecuencia, cuando hay un momento especial de éstos, también vienen los contraataques de Satanás.

En mi experiencia a lo largo de mi andar por el mundo, he visto que enfatizar demasiado el avivamiento lleva a una forma sutil de extremismo y una excusa para desviarse de las bases de la obediencia, la disciplina y la forma de actuar. Si el avivamiento llega a la iglesia, a la región o la universidad, habrá al siguiente día una batalla espiritual más intensa. Quizá hayan más descorazonados y desanimados que los que había antes que eso ocurriera.

Nada puede reemplazar el negarse a sí mismo diariamente y llevar su propia cruz, a pesar de las circunstancias. Pensar que un gran avivamiento o una experiencia espiritual harán que un cristiano pueda vivir como un "piloto automático" es cometer un gran error. Hemos sido creados a la imagen de Dios, Él nos ha dado libre albedrío y somos responsables de tomar las decisiones correctas y dar los pasos adecuados en todo momento.

Algunas personas son más temperamentales que otras para intervenir en ciertas situaciones. Hay cristianos que están preocupados por la posibilidad de que quizá haya evidencias de vida en las rocas que vinieron como meteoritos de Marte y se preguntan si debilitará la fe en Dios el hecho de que se encuentre vida en otro planeta. La única pregunta que viene a mi mente es: ¿Cuánto costará rentar una nave espacial para alcanzar a estos seres con el evangelio? Mientras tanto, tenemos suficiente para mantenernos ocupados en este planeta.

La Gran Comisión es más que un llamado a dejar el lugar donde estamos e ir a algún otro sitio. Por supuesto, hay una gran necesidad de que la gente vaya, pero es más necesario que cada uno de nosotros tomemos nuestra responsabilidad para que la iglesia responda a la Gran Comisión; y estar involucrado personalmente en ello, sin importar cuál es nuestra función. Déjenme ilustrar esto. Uno de mis héroes en el mundo de la obra misionera hoy en día, es el hijo de un acaudalado hombre de negocios que invierte mucho dinero en la obra misionera mundial, ayudando al engrandecimiento del reino de Dios. Él sale en viajes misioneros cortos y realmente capta la visión, especialmente a los no alcanzados. Cuando llega a casa comparte la visión con su padre que está muy anciano y enfermo. El padre le habla de corazón de los problemas del negocio y le pide que se haga cargo de éste por algunos años. Es una decisión difícil pero el hijo acepta hacerlo, para poder seguir enviando fondos para la obra misionera y ayudar a que continúen con su trabajo aquellos que lo reciben.

La razón de esta ilustración no es para copiar este modelo de ir y enviar sino que necesitamos responder a la Gran Comisión; actuando en la forma más estratégica que podamos para que nuestra parte se lleve a cabo completamente; ya sea como alguien que va, como uno que envía a otros, o como el caso de este hombre, que hace ambas cosas. Resumiendo, necesitamos apropiarnos de la Gran Comisión y pedirle a Dios que nos muestre qué es lo más apropiado para nosotros.

Calcula el costo

El colocar tu vida, futuro y carrera en el altar para la gloria del Señor no es un asunto fácil. Lucas 14 nos dice que debemos calcular el costo de lo que hacemos. Para aquellos que van hay diversos gastos que se deben calcular.

Hay cuatro advertencias que les hago a las personas que están considerando salir a la obra misionera.

➢ Primero, tu corazón se quebrantará muchas veces y enfrentarás muchas desilusiones.

➢ Segundo, enfrentarás presiones financieras, batallas, problemas y también variadas

y diferentes opiniones sobre estilos de vida y de cómo debería gastarse el dinero.
- Tercero, descubrirás que algunas veces es relativamente más fácil empezar un proyecto pero que será más difícil continuarlo y al mismo tiempo mantener la lealtad de los colaboradores con quienes trabajas.
- Cuarto, descubrirás que pueden introducirse raíces de amargura en la obra cristiana, las cuales, algunas veces, debido a la oposición satánica, pueden ser más difíciles y complejas que en el trabajo secular, especialmente cuando faltan el dinero y otras fuerzas motivadoras.

Esto no lo digo con la intención de desanimar. También, por supuesto, habrá bendiciones y regocijo sobre soluciones en respuesta a la oración.

La obra misionera puede significar mucha diversión. Muchos de los misioneros que conozco han despertado a la gracia y saben cómo sacarle provecho a sus vidas y ministerios. En efecto, mantener el equilibrio entre metas por fe y expectaciones irreales es parte de calcular el costo.

Edith Schaeffer lo dice así:

"La realidad en la vida de un evangelista, o uno que dice la verdad, no se ve por una serie de milagros que remueven toda enfermedad, dificultad, y fatiga de otra persona, sino por la serie de lentos y difíciles días de trabajo durante los cuales la fortaleza del Señor ha venido a ser evidente en la debilidad humana." (Aflicción)

Este capítulo no se ha escrito debido a la gran necesidad de misioneros para ir a muchos países en el mundo, ni tampoco para ver las tremendas oportunidades que existen en la obra misionera hoy en día. Estos temas se tocan en otra parte del libro. Tienes que estar al tanto de las necesidades y oportunidades que hay alrededor del mundo cuando consideres tu futuro, pero este capítulo ha sido un desafío para considerar seriamente tu respuesta personal al mandamiento y la promesa de Cristo en la Gran Comisión. Tú eres llamado a hacer una decisión.

Esta decisión no debes tomarla solo. Necesitarás hablar con otros al respecto, con tu familia, con amigos cristianos, y con cristianos maduros en tu iglesia o en otras iglesias. Necesitarás informarte acerca de la situación mundial, al leer o recibir información de agencias misioneras. Por supuesto, necesitarás orar y leer la Biblia en lo que trabajas para clarificar el plan de Dios para tu futuro. (Glenn Myers en su libro llamado *The World Christian Starter Kit* [Manual del inicio del mundo cristiano] menciona cientos de acciones que puedes tomar que te ayudarán a responder la pregunta "¿Qué debo hacer?") Un llamado al campo misionero no es necesariamente un llamado emocional o sentimental. Algunas personas tienen esta clase de experiencias, pero por lo general es un acto voluntario como resultado del proceso descrito en este párrafo. Con frecuencia es a través de un proceso cuidadoso, tomado paso a paso. Tetsunao Yamamori en su libro *Penetrating Mission's Final Frontier* (Penetrando la última frontera de las misiones) dice:

> De las historias de otros que han estado involucrados en la obra misionera, aprendemos que las primeras inquietudes internas son sutiles, difíciles de discernir. En efecto, para la mayoría de nosotros, el mensaje no está claro hasta que actuamos. En este proceso de actuar en respuesta al llamado del Espíritu Santo, a menudo, es que viene la verdadera claridad. Sin responder, quizá nunca sepas.

No es un llamado al campo misionero el escoger entre ir y el no estar involucrado. Michael Griffiths da una mirada a la iglesia primitiva en su libro *A Task Unfinished* (Una tarea inconclusa), él dice:

> Los discípulos de Jesús eran todos discípulos, y de todos se esperaba que estuvieran comprometidos de la misma forma con la causa del Maestro, e igualmente preocupados de llevar el evangelio hasta lo último de la tierra.

Eso es todavía una verdad para nosotros hoy, cualquiera que sea nuestra función en esa gran causa.

Sugerencias para lectura:

Why Both With Missions (¿Por qué preocuparnos por las misiones?) de Stephen Gaukroger (IVP).

Run With the Vision (Correr con la visión) de Bob Sjogren y Bill y Amy Stearns (Publicadora Casa Betania)

Penetrating Mission's Final Frontier (Penetrando la última frontera de las misiones) de Tetsunao Yamamori (IVP, US)

A Task Unfinished (Una tarea inconclusa) de Michael Griffiths (Libros Monarca)

Libros de referencia:

The Root of the Righteous (Las raíces del justo) de A.W. Tozer (Publicaciones Cristianas)

Failure: The Back Door to Success (El fracaso: La puerta trasera al éxito) de Irwin Lutzer (Editorial Moody)

Affliction (Aflicción) de Edith Schaeffer (Solway)

3

TOMANDO EL MANDO

~~~~

*"El liderazgo es saber cómo ir desde donde
estamos a donde deberíamos estar"*
(Steve Chalke)

Qué gran necesidad hay de que otras personas sirvan de líderes. Si quieres una evidencia de la falta de líderes potenciales, ve el doloroso proceso por el cual pasan las Naciones Unidas para encontrar un nuevo Secretario General o el que pasan los Estados Unidos u otros países para seleccionar de entre unos cuantos a los que pueden y están dispuestos a ocupar los puestos políticos más altos.

La mayoría de las agencias misioneras y especialmente las organizaciones misioneras claman por más líderes, de ambos sexos. Conozco una misión que ha estado buscando por más de 2 años a un director general. Hay necesidad de que más cristianos tomen liderazgos, no como un honor o recompensa, sino como una forma de servir al cuerpo de Cristo, con los dones y ministerios que les han sido dados. Muchos serán líderes en su propia iglesia, lo cual no esperaban. Ser un líder local puede resultar el desafío mayor de todos.

Necesitamos enfatizar más en la iglesia sobre el entrenamiento de líderes, ancianos y jóvenes. A menudo, recuerdo que los líderes de la iglesia en Tesalónica, con quien Pablo se comunicaba, tenían sólo unas semanas en la fe. El entrenamiento puede empezar con los jóvenes. Yo estoy comprometido con la tarea de entrenar personas para el liderazgo en el lugar donde viven y al mismo tiempo les presento la verdad del mundo de las misiones.

Qué iglesia llena de poder seríamos si pudiéramos unir las enseñanzas bíblicas que crean un dinamismo espiritual en los líderes de nuestros propios países con el tipo de visión que leemos en Hechos 1:8. Esto llevaría a la iglesia a un paso hacia adelante en el mundo de las misiones.

Hay necesidad de "líderes que movilicen al pueblo de Dios a una misión imaginativa y audaz." (Del libro *Un llamado a la excelencia* de Paul Beasley-Murray.) Dánoslos Señor.

Sé lleno del Espíritu Santo

Mucho de lo que tengo que decir en este capítulo tiene que ver con la difícil realidad de ser un líder en la iglesia y en la obra misionera hoy día, pero no terminaré sin recordarles de los gloriosos recursos disponibles para los líderes en Cristo.

A través de los años como director de Operación Movilización he invertido la mayor parte de mi tiempo en el entrenamiento de líderes. Algunas veces cuando he hablado en una conferencia para líderes trato con las cualidades espirituales y de carácter especiales, necesarias para los líderes en la obra de Dios. Éstas son importantes y escribiré acerca de ellas más adelante en este capítulo. Algunas veces entro en detalles de cómo tomar decisiones como líder y cómo organizar tu vida. Esto también es importante.

Con mucha frecuencia, no obstante, les hablo a los líderes acerca de la necesidad de que trabajen en los principios básicos de la vida cristiana, su andar con Cristo y su desarrollo espiritual. Nada es más importante para los líderes que esto. Ya que en su relación con los demás, los líderes deben hacer todo lo posible para edificar, construir y ayudar a otras personas a ser cada vez más como Cristo; tomando en total consideración las diferentes circunstancias en que las personas trabajan en los movimientos y organizaciones que han sido levantados por Dios para trabajar juntos en la tarea de la evangelización mundial.

Cuando hablo a los líderes, lo primero que deseo enfatizar es que "sean llenos del Espíritu" (Efesios 5:18), porque el Espíritu Santo es el director de toda obra cristiana. Oswald J. Sanders en su libro *Spiritual Leadership* (Liderazgo espiritual) llama al capítulo sobre el Espíritu Santo "*El requisito indispensable*". Él dice que puede ser que se desee que los líderes reúnan ciertas cualidades espirituales, pero sólo una es indispensable, que ellos deben ser llenos del Espíritu. Estoy convencido de que hay necesidad de una mayor concienciación acerca del Espíritu Santo y su trabajo en los creyentes. Cada uno debe saber que es un privilegio vivir día a día en la llenura del Espíritu Santo que exalta al Señor Jesucristo y que es el director soberano de nuestras vidas y de nuestros asuntos.

Esta llenura no sólo tiene que ver con las emociones y la vida espiritual interior, sino también con la realidad de cómo vivimos diariamente (ver Gálatas 5:22-25), al hacer planes y en el desarrollo de las estrategias en nuestro trabajo cristiano. Me preocupa especialmente, decirles a los líderes que debemos depender más del Espíritu Santo para que nos dirija a medida que avanzamos en la obra misionera. Está muy claro en el libro de los Hechos que es el Espíritu Santo el que dirige la obra misionera.

> *Pero recibiréis poder, cuando haya venido sobre vosotros el Espíritu Santo, y me seréis testigos en Jerusalén, y en toda Judea, Samaria y hasta lo último de la tierra.*
>
> Hechos 1:8
>
> *Ministrando éstos al Señor, y ayunando, dijo el Espíritu Santo: Apartadme a Bernabé y a Saulo para la obra a que los he llamado.*
>
> Hechos 13:2

El libro de los Hechos también dice con claridad que aquellos que dirigen la obra misionera necesitan ser llenos del Espíritu. J. Oswald Sanders dice:

"Se afirma claramente en el libro de los Hechos que los líderes que influyeron de manera significativa al movimiento cristiano eran hombres que estaban llenos del Espíritu Santo. Está registrado que fue Él quien mandó a los discípulos a esperar en Jesusalén hasta que fueran llenos con el poder de lo alto que Él mismo tenía, "Ungido…. con el Espíritu Santo y con poder" (10:38). Los 120 privilegiados en el aposento alto fueron llenos con el Espíritu (2:4). Pedro fue lleno del Espíritu cuando se presentó ante el Sanedrín (4:8). Esteban, lleno del Espíritu, sufrió de forma irresistible para testificar de Cristo y morir como un mártir

---

* Tomado de: *Spiritual Leadership* (El liderazgo espiritual) de J.Oswald Sanders. Instituto Bíblico Moody, Editorial Moody.

radiante (6:3,5; 7:55). Fue en la llenura del Espíritu que Pablo comenzó y llevó a cabo su ministerio único (9:17; 13:9). Su compañero misionero Bernabé estaba lleno del Espíritu (11:24), hubiera sido extrañamente ciego quien no discerniera en ese hecho el criterio fundamental y la capacidad del liderazgo espiritual." (Liderazgo espiritual)*

Algunas personas echan de menos el fervor que con frecuencia se asocia con una experiencia pasada de la llenura del Espíritu Santo, pero como H.A. Hodges dice en su libro *Unseen Warfare* ("*Batalla invisible*) esta pérdida de fervor puede ser una señal de ir más allá de las primeras etapas del crecimiento cristiano. Si vas a ser un líder cristiano tienes que crecer. Tienes que establecerte en una rutina estable donde el Espíritu te guíe en el seguimiento diario de tu trabajo y tus planes como lo vimos en el libro de los Hechos. Esto debe ser una llenura diaria constante, pero no una búsqueda incansable de nuevas "experiencias". Muchas personas sienten que necesitan un toque fresco en sus vidas y van de conferencia en conferencia buscando algo nuevo. Por supuesto, no excluyo la posibilidad de experiencias críticas con Dios, pero hay la necesidad de tener un "programa continuo de crecimiento espiritual." Ralph Shallis en el subtítulo de su libro *From Now On* (De ahora en adelante)" dice: Cuando Dios te salvó y puso el

Espíritu Santo en ti, él lanzó la bola al lado tuyo en la cancha. Quizá está esperando a que la remates ahora. Usando otra analogía, puede ser que Dios te está animando, como Nehemías animaba al pueblo de Israel, a "levantarse y construir" (Nehemías 2:18).

Duras realidades para los líderes

Un liderazgo lleno del Espíritu, por supuesto, no es tan fácil como parece. Tozer habla acerca de esto en su libro *Leaning Into The Wing* (Inclinándose al viento), el título me recuerda de mi desastroso intento de practicar con una tabla hawaiana con el viento. Parece fácil pero no pude estar de pie más que algunos minutos cada vez que lo intenté. No es tan fácil como parece. Hay muchas realidades difíciles que cualquiera que esté involucrado en el liderazgo misionero o en cualquier otro liderazgo cristiano, tienen que enfrentar.

Estoy convencido de que la gente de visión, que quiere que pase algo específico, debe saber cómo ganar la lealtad de otros, cómo delegar y cómo ser un miembro de equipo. La finalidad de esto es que debemos creer realmente en las personas y aprender a confiar en ellos, amarlos y afirmarlos.

He aprendido por las malas cómo una palabra insensible o incluso una mirada mala a otra persona puede ser hiriente y entorpecer su andar con Dios y su ministerio. En cierta ocasión cuando le hablaba al personal del barco Doulos del tema de la lealtad, la respuesta fue muy alentadora (ese mensaje está grabado en casete, y ha recorrido muchos países del mundo). Quisiera compartir algunos de los puntos principales a continuación:

Hay varias razones de por qué es tan difícil desarrollar lealtad en la obra misionera.

➢ **Primero.** Hay una gran variedad de causas dignas las cuales pueden distraer a los cristianos de las más importantes. Hay tantas cosas que atraen la atención de los cristianos que la evangelización mundial ha pasado a ser una más entre ellas. Muchos cristianos están totalmente absorbidos con la campaña antiabortos, con los temas de los derechos humanos o con la política. Por supuesto no estoy en contra de los que se preocupan con esos asuntos. Yo también me preocupo por eso. Pero cuando estas cosas hacen que los cristianos releguen la evangelización mundial a que sea un legítimo interés de otros y ridiculizan a aquellos para quienes es primordial, entonces empiezo a preocuparme. En este ambiente es posible que para algunos cristianos el hacer énfasis en la evangelización mundial es un poco extremista y por eso simpatizantes o personas fuera de la iglesia aun confunden a algunos grupos misioneros con sectas.

➤ **Segundo.** Aun entre cristianos que tienen un compromiso básico con la evangelización mundial, se distraen con libros extremistas o con cintas que circulan sugiriendo que un punto de vista en particular es la única respuesta a los problemas de la vida cristiana. En ocasiones, los libros son los equivocados, pero en otros casos son los lectores que están predispuestos por la comodidad en que viven, que se comprometen con una posición extrema, con un simplista y feo punto de vista de la vida cristiana. Esto puede llevar a una forma errónea de superespiritualidad, la cual hace que las personas sean muy difíciles de ganar debido a la resistencia y al limitado punto de vista de lo correcto. Similar, aunque menos dogmático, es un tipo de idealismo falso, el cual algunas personas tienen acerca del mundo de las misiones, que no quieren reconocer y finalmente son golpeadas profundamente por la realidad de la debilidad, los problemas y errores que pueden estar presentes en este tipo de trabajo. A veces lo opuesto puede convertirse en el problema y los cristianos se contagian con el espíritu de cinismo del mundo que les es difícil encontrar a alguien en quien confiar.

La lealtad normalmente involucra un tipo de sumisión y debe ser hacia ambos lados. En una era donde la obediencia a los padres se ha debilitado, otra dificultad para desarrollar la lealtad a la tarea del evangelismo mundial es que a muchos les es difícil obedecer órdenes de cualquier tipo que vienen de un líder. Hay cierto tipo de orgullo en la defensa de la supuesta libertad. En algunos casos esto puede ser culpa del líder.

Yo sé que para mí es difícil ser amable cuando doy órdenes, especialmente cuando tengo que hacerlo en otro idioma. Hay necesidad de aprender de la sumisión sin convertirse en sectario o manipulado. También es necesario aprender a trabajar con en equipo.

El desarrollar la lealtad y el trabajo en equipo para la causa del evangelismo mundial es un gran desafío para los líderes hoy en día, pero hay otras realidades difíciles a las cuales los líderes y candidatos a líderes tendrán que enfrentarse en el mundo.

Ellos tendrán que aceptar la dura realidad del sufrimiento en el mundo sin minimizarlo o disfrazarlo con dichos simples. Los líderes deberían ser capaces de enfrentar la realidad de un mundo que sufre en el cual los cristianos de diferentes grupos étnicos son capaces de involucrarse en matanzas entre ellos mismos. Sabemos que Dios puede sanar todas estas cosas pero no debemos minimizar el impacto que causa en las personas o que pretendamos que éstas no nos afecten.

Frank Retief, un líder de la iglesia en Sudáfrica, escribió en su libro *From Tragedy to Triumph* (De la tragedia al triunfo) acerca de la experiencia de su congregación al confrontar el asesinato de algunos de los miembros y el traumatismo de muchos otros, cuando hombres armados irrumpieron en el servicio, abrieron fuego sobre ellos y tiraron una granada de mano entre la gente. Él dice:

> Hay un sentimiento indescifrable entre los cristianos, que si existe el sufrimiento, debería ser soportable y que no debería experimentar el mismo horror que los no creyentes viven. La verdad es que muchas veces nosotros estamos expuestos al mismo grado de sufrimiento. Nuestros sufrimientos no son siempre razonables. De hecho, muchas veces parecen ir más allá de lo que podemos soportar. La aflicción y la tristeza nos sobrecogen y sentimos que nos hundimos. Este es un simple hecho de la experiencia humana en este mundo.

Muchas personas han recibido ayuda en esta área a través de los consejos de C.S. Lewis en su libro *Mere Christianity and The problem of Pain* (El cristianismo simple y el problema del dolor). Muchos han conocido al Señor a través de estos libros y si somos líderes visionarios, deberíamos distribuir estos libros por doquier. Los líderes deben tener el coraje de enfrentarse a las complejidades y divisiones dentro de la iglesia y en el campo misionero. La iglesia está dividida y esta situación no cambiará mucho. Algunas iglesias en particular, organizaciones y aun poblados completos quizá se unan pero no la iglesia en su totalidad.

Incluso proyectos que se espera puedan unirnos como AD 2000 enfrentan la oposición de muchos y hasta parecen causar desunión. La historia muestra que mucho del crecimiento de la iglesia, ha ocurrido en medio de tensión y desunión. Admitamos la verdad de esta situación. Los jóvenes especialmente quieren este tipo de apertura en sus líderes. Existe la necesidad de ser más realista en la iglesia ya que esto ayudará a romper las cadenas del legalismo, las cuales detienen el engrandecimiento del Reino. Un punto de vista ingenuo del grado de unidad en la iglesia es provocado muchas veces por no darse cuenta de la extrema complejidad de la iglesia y la sociedad que la rodea.

Operación Movilización es una organización grande y compleja y va más allá de mi entendimiento, por eso es que está dirigida por un equipo de líderes, confío que bajo la dirección del Espíritu Santo. Pueden estar seguros de que, aún así, habrá muchos errores humanos.

Los líderes deberían ser capaces de enfrentar al poder del dinero, no sólo en asuntos seculares sino en el ministerio cristiano también. Hay muchos libros buenos al respecto, pero déjenme decirles que un punto de vista real de las riquezas y la habilidad de manejarlas y usarlas con todo su poder, en los asuntos del Reino de Dios, es esencial en un líder en la obra misionera.

La inmoralidad sexual es un área de gran peligro para los líderes espirituales. Todos, por supuesto, estamos expuestos a la tentación y nadie duda de su poder, pero me sorprende el número de líderes en la iglesia y en las misiones que han arruinado sus ministerios por la inmoralidad sexual. Todos los líderes son blanco del enemigo. Es uno de sus dardos más probados y muchos enfrentarán sutiles ataques en sus mentes y tal vez en sus matrimonios.

Desde muy joven, he sido influido por la valentía de Billy Graham en este tema, he hablado claramente con la Palabra de Dios al respecto. Una y otra vez he compartido con candidatos al liderazgo de versículos como 2 Timoteo 2:22, "Huye también de las pasiones juveniles, y sigue la justicia, la fe, el amor y la paz, con los que de corazón limpio invocan al Señor."

Hemos podido distribuir millones de libros acerca de este tema y muchos han escrito o testificado de cómo han sido ayudados. El año pasado cuando el libro: *When Good Men Are Tempted* (Cuando los hombres buenos son tentados) de Billy Perkins llegó a mis manos me di cuenta que era dinamita espiritual y lo distribuimos a todo el mundo. Sabemos que Dios lo está usando. El libro de Lois Mowday, *The Snare* (La trampa), es mejor en algunos aspectos sobre este asunto, especialmente para aquellos que están en el ministerio.

Como líderes debemos ser muy conscientes de las frustraciones que vienen por las limitaciones de nuestra debilidad y humanidad, así como de las personas con quienes trabajamos. Algunas veces me siento como si estuviera manejando un auto Mercedes Benz último modelo en una autopista alemana a 15 millas por hora. Como alguien que cree en la importancia de las relaciones interpersonales y en la delegación de autoridad a otras personas, tengo que reconocer que no he sido capaz de ir a la velocidad que quiero como líder. Las personas apasionadas y con propósito tienen que aceptar que su vulnerabilidad y la de otros necesita reconocerse y tomarse en cuenta.

Habrá momentos cuando los líderes necesiten moverse rápidamente y ser fuertes y firmes con los seguidores, pero hay momentos cuando debemos ir despacio, detenernos y esperar en el Señor, y con frecuencia en Sus hijos también. Sin esto, aun yendo despacio, quizá termines en el camino equivocado o fuera del camino en una sanja.

Conforme he corrido este maratón todos los días durante 44 años, he sido sorprendido especialmente por la rudeza y, aún a menudo, por las ataduras sutiles del orgullo en sus múltiples formas. Incluso la arrogancia es común entre aquellos en el liderazgo. Qué maravilloso es cuando las personas confiesan esto con honestidad; con seguridad es una de las puertas a la realidad y al avivamiento. Mi lucha para tratar con la crítica revela cosas en mi corazón que no me gusta confrontar. Para todos nosotros será la batalla de toda la vida.

La última dura realidad que quiero mencionar para los líderes de misiones en particular, es la de que la humanidad está perdida. Toda la naturaleza perdida quizá quede como un misterio para nosotros; pero debe seguir siendo la motivación más importante para todos aquellos involucrados en la obra misionera. John Piper en su maravilloso libro *Let the Nations be Glad* (Dejad a las naciones regocijarse), al final de un capítulo en el cual argumenta con la Biblia de la "Supremacía de Cristo como el enfoque consciente de toda fe salvadora" dice:

Por tanto, yo afirmo otra vez que el abandono contemporáneo de la necesidad universal de oír el evangelio para salvación, afecta realmente parte de la motivación misionera. Digo que afecta en parte y no que la elimina toda porque estoy de acuerdo en que el estado de perdición universal en que se encuentra el hombre no es el único enfoque de la motivación misionera. Sobreponerse a esto es el gran objetivo para dar la gloria a Cristo.*

Recordémonos regularmente lo que dice Jesús en Juan 14:6: "Yo soy el camino, la verdad y la vida. Nadie viene al Padre sino es por mí."

Equilibrio en la vida de un líder

Al enfrentar estas duras realidades es difícil mantener el equilibrio bíblico esencial, el cual es la característica del líder lleno del Espíritu Santo. Al paso de los años he enseñado mucho acerca del equilibrio. En una de mis Biblias viejitas he hecho una lista de treinta pares de comparaciones donde exhorto a la necesidad de tener equilibrio en la vida cristiana efectiva, y hay muchos más. Me gustaría mencionar siete áreas donde el equilibrio es pertinente para los líderes que trabajan para cumplir con la Gran Comisión.

---

* Tomado de: *Let The Nations Be Glad (Dejad a las naciones regocijarse)*" *de John Piper (IVP). Usado con permiso.*

1. Primero es el *equilibrio entre la fe y el sentido común.* A menudo los líderes son llamados a demostrar una fe atrevida, desafiante y con riesgo. La historia de las misiones está llena ejemplos de líderes como Amy Carmichael, Hudson Taylor o Jim Elliot. Por supuesto, cuando el Espíritu de Dios anima a los líderes a dar grandes pasos de fe, ellos tienen que moverse, y los seguidores necesitan tratar de moverse junto con ellos. Pero tiene que haber entendimiento de parte del líder también. Los líderes tienen que aceptar que ellos animan a otros y que deben transmitirles sus expectativas también. Por esta razón ellos necesitan estar al tanto de su responsabilidad de mantener realismo en sus objetivos y tal vez desarrollar un sentido común con un poco de escepticismo acerca de lo que es posible. Los líderes jóvenes, en particular, necesitan tener claro que la aparente fe arriesgada de los gigantes de la historia de las misiones vino después de años de experiencia y ciertamente después de muchos errores. Estoy convencido de que las biografías cristianas no son totalmente honestas y han dejado fuera los pecados y fallas de los grandes líderes del pasado. Como dice A.W. Tozer:

> En nuestra constante lucha por crecer, con frecuencia olvidamos el simple hecho que un poco de incredulidad es en ocasiones tan necesaria como la fe, para el bienestar de nuestras almas. Voy un poco más allá y digo

que haríamos bien en cultivar un escepticismo reverente. Nos mantendrá fuera de miles de pantanos o tierras movedizas donde otros que les faltó se encuentran ahora. No es pecado dudar de algo, pero sería fatal creerlo todo. (The Root of the Righteous [Las raíces del justo].)

2. **El *equilibrio entre la disciplina y la libertad.*** Puede ser que menciones Gálatas 5:13 para mostrar que hemos sido llamados a libertad y yo estaría de acuerdo contigo, pero en el mismo versículo dice que somos llamados también a servirnos unos a otros.

Donde hay reglas, deben haber también algunas restricciones de la libertad, pero las reglas son también una forma de mostrar que queremos practicar el amor entre nosotros. Otra forma de ver una regla es mirarla como una exhortación con fuerza añadida. Después de todo, la gracia sin disciplina puede llevar a la desgracia. Líderes, con un determinado punto de vista de un área de la obra del Señor, pueden inclinarse a recalcar en exceso la importancia de las reglas. La precaución para evitar la fuerza de las voces del liberalismo en el mundo, puede ser lo que los anima a hacerlo. Pero puede ser también que el orgullo de un líder esté unido a la forma con la cual otros ponen sus reglas en práctica. Quizá ellos estén en lo correcto en lo que deciden, pero pueden estar equivocados en el método de comunicación y en la actitud hacia los involucrados. Aquellos de nosotros que somos más fuertes de temperamento y con convicciones firmes, con frecuencia, tendemos a ofender más de lo que nos damos cuenta.

3. Muy unido a esto está la necesidad de *equilibrio entre la autoridad y el compañerismo.* Hay ejemplos sorprendentes en la historia misionera de la poderosa autoridad de los líderes de misiones. William Booth y C.T. Studd pidieron a miembros de sus familias dejar el movimiento que dirigían porque percibieron fallas para seguirlos a ellos como líderes. Yo creo que hoy en día, de la misma forma que se necesitan líderes fuertes, también hay la necesidad de que las organizaciones se involucren en ejercer su autoridad. Además de aquellos que toman las decisiones ejecutivas, también deben haber los que exhortan, los que corrigen, y los que desafían, y también debe haber una evaluación equilibrada del poder de un líder fuerte. En muchas organizaciones misioneras esta función se lleva a cabo por un comité de confianza o su equivalente. La historia y eventos actuales muestran que Dios usa una amplia variedad de estructuras de liderazgo, de estilos y de métodos.

4. *Determinar las prioridades.* Es un desafío constante para los líderes. Tenemos tantas

demandas que el cuidado del tiempo es esencial. Algunos de los equilibrios importantes que debemos mantener son: entre el tiempo a solas y con otros; con la familia y los que no son de la familia, entre el trabajo y el descanso, entre el trabajo y la diversión; entre la oración y el estudio bíblico; y entre testificar a los inconversos y ayudar a los creyentes. El temperamento representa un papel importante para lograr este equilibrio, ya que no hay líderes iguales y su trabajo no es igual tampoco. El equilibrio en el uso del tiempo debe hacerse en el contexto de la situación particular de cada líder. Las personas que no son líderes deberían preocuparse también por ver este tipo de equilibrio en la vida de sus líderes, y animarles y no ponerles presiones innecesarias con expectaciones irreales. Se debe enfatizar el amor y el trabajo en equipo. Trabajaremos en esa área por el resto de nuestras vidas.

5. Se espera que los líderes sean *decididos y firmes* pero también es necesario que haya equilibrio entre esas cualidades y **la gentileza y el quebrantamiento**. El quebrantamiento habla más fuerte que el trabajo interminable. No se puede fingir. Significa tomar la posición de pecador, admitir el error, ser honestos acerca de la falsa motivación y confesar los errores a otros. Esto no es lo mismo que fallar por no tomar una acción por temor a causar problemas.

Ciertamente una parte esencial del equipamiento del líder, es la habilidad de estar firme contra la intimidación. Algunas personas son muy buenas para decir cosas que intimidan a otros y que los hacen sentirse inferiores. Uno de los versículos que ayudan para esto es: 2 Timoteo 1:7: "Porque no nos ha dado Dios espíritu de cobardía, sino de poder, de amor y de dominio propio."

Algunas personas han malinterpretado el mensaje del quebrantamiento y han desarrollado un entendimiento poco saludable de ellos y su propia personalidad (una autoestima baja). Este tipo de personas hallarán difícil ser misioneros líderes y quizá tengan dificultad en sus propios países para ser discípulos y movilizadores misioneros.

Los líderes siempre crearán inestabilidad y necesitan fortaleza para mantenerse firmes contra la intimidación que esto crea, pero necesitan hacerlo en combinación con una disposición a tratar abierta, honesta y amorosamente con las consecuencias.

En los últimos 30 años en nuestro ministerio hemos visto cómo Dios ha usado a David Seamands, especialmente a través de su libro *Healing for Damaged Emotions* (Sanidad de emociones dañadas) para ayudar a muchas personas en esa área en particular.

6. El equilibrio en el área de la ***doctrina*** es importante para un líder. El doctor Francis Schaeffer y

el doctor John Stott me han ayudado a aprender a amar la pureza de la doctrina cristiana. A.W.Tozer, y otros como él, me han enseñado a valorar la experiencia diaria de la presencia de Dios. Necesitamos ambos énfasis y éstos siempre estarán en tensión dinámica (un equilibrio entre la vida y la doctrina) Sin embargo, la doctrina debe distinguirse entre las convicciones personales y los ideales. Muchos líderes se encuentran en la posición que están por su fuerte convicción personal que es necesaria para hacer ciertas tareas y lograr ciertos objetivos. No hay nada erróneo en esto, pero es necesario reconocer la línea fina que separa a las doctrinas principales que todos tenemos que creer y otras áreas donde hay lugar, o debería haberlo, para estar en desacuerdo. Tristemente muchas denominaciones y sus líderes son intimidados por la cooperación interdenominacional, porque demanda flexibilidad de sus convicciones e ideales, aunque no está atentando contra la doctrina cristiana esencial.

Esta clase de actitud es motivada por el aislamiento y puede romperse al reunir personas de diferentes denominaciones a orar y tomar decisiones. Donde hay diferencias doctrinales genuinas éstas se deben respetar. Con frecuencia, sin embargo, habrá oportunidades para el compromiso amoroso, donde los principios organizacionales o personales y los ideales están en juego, o por lo menos tener la oportunidad de aceptar que podemos estar en desacuerdo mientras que al mismo tiempo seguimos avanzando juntos.

7. Finalmente, los líderes necesitamos *una visión equilibrada de Dios*. Amo la equilibrada visión de Dios que A.W. Tozer da:

> La comunión con Dios se disfruta más allá de las palabras. Él convive con los redimidos en un fácil y desinhibido compañerismo que da descanso y sana el alma. Él no es insensible, ni egoísta, ni temperamental. Lo que Él es hoy lo encontramos mañana, al siguiente día y el próximo año. Él no es difícil de agradar, quizás sea difícil de satisfacer. Él es rápido para reconocer el más mínimo esfuerzo para agradarle. Le agradamos pero no al tratar de ser buenos sino al abandonarnos en sus brazos con todas nuestras imperfecciones y creyendo que Él entiende todo y que todavía nos ama. (Las raíces del justo)

El panorama de un líder de misiones

Hay muchas palabras duras en este capítulo y me gustaría finalizar dando una visión general de un líder espiritual en la obra misionera y recomendándoles los recursos disponibles para permitir el desarrollo de este panorama. Está claro por lo que ya he dicho que el líder en la misión cristiana está controlado por el Espíritu Santo, no sólo en las emociones y la vida espiritual interior, sino también en los detalles de la vida diaria y especialmente en la situación de la estrategia misionera. Es alguien capaz de edificar lealtad entre los miembros del cuerpo de Cristo en la tarea de evangelismo mundial frente a las fuerzas de oposición y que también tiene el equilibrio del Espíritu en las áreas que hemos mencionado antes.

Para completar el panorama quiero menciona brevemente seis cualidades. Un líder en el mundo de las misiones es alguien que tiene:

1. *Visión*, un sentido poderoso de lo que es necesario hacer y la iniciativa de apropiarse de ello y trabajar para completarlo. J. Oswald Sanders muestra cómo muchos de los misioneros pioneros fueron personas de visión poderosa.

> Carey veía el mundo en el mapa mientras que sus colegas predicadores estaban preocupados con sus pequeñas parroquias. Henry Martyn vio a la India, Persia y Arabia como una visión del mundo musulmán, mientras que la iglesia local se ocupaba de sus lastimeras riñas teológicas. De A.B. Simpson, sus contemporáneos decían: `Su vida y trabajo parecen ser un esfuerzo a solas, donde sus compañeros no veían qué explorar'.

Siempre recordaré que hace muchos años cuando subía una montaña en Escocia escuchaba una cinta del doctor John Stott sobre liderazgo en la cual hacia mención de la importancia de tener visión. Su gran ejemplo era la maravillosa historia de Wilberforce; nunca lo olvidaré.

Este tipo de visión va acompañado de:

2. *La sensibilidad y el entendimiento*, los cuales tienen que ver con la posición y el sentir de los demás que están involucrados en completar la visión, ya sea, algo grande como la visión de Hechos 13 o algo pequeño como enviar a un solo misionero de una iglesia pequeña.

Un líder debería considerar y desarrollar el entendimiento de su propia naturaleza y sentimientos, y el carácter particular de su propio liderazgo. No hay reglas simples acerca de qué tipo de personas pueden convertirse en líderes. Quizá no está claro al principio quiénes van a ser líderes efectivos, algunas personas se desarrollan lentamente en la función y quizá no parecen líderes al empezar. No sólo los coléricos y habladores son los que ocupan estas funciones; personas calladas o reservadas pueden ser grandes líderes. Ciertamente Santiago 11:9 dice que debemos ser lentos para hablar. Se necesitan personas con diferentes personalidades para el liderazgo porque se necesitan diferentes clases de líderes, los que inician el trabajo y los que lo consolidan, sólo por mencionar dos tipos. El entender estas cuestiones hará que un líder vea su función en un contexto más amplio y que entienda cómo esto impacta a otros. Necesitamos recordar la amplia variedad de tipos de liderazgo necesarios en todo el cuerpo de Cristo. En un sentido todos necesitan ciertas cualidades básicas para el liderazgo; esto es particularmente cierto hoy en día donde hay tantos padres y madres solteros.

Como líderes debemos ser:
3. *Personas de oración*. Es difícil de explicar con palabras, qué fuerte siento acerca de esto. Está muy claro en la Palabra de Dios y la mayoría de los líderes están de acuerdo aunque sea de labios, pero dónde están aquellos que hacen esto una realidad práctica en su diario vivir.

Tal vez el libro más famoso que nos desafía a esto es: *"El poder de la oración"* de E.M. Bounds.

También debemos ser:
4. *Motivadores de la gente*. Debemos fomentar en otros una visión alta de la soberanía de Dios y debemos animarlos a establecer altos patrones en los detalles del diario vivir y el trabajo en la vida cristiana, en el coraje para refutar con amor, al dar reconocimientos, al mantener el sentido del humor, en la calidad del trabajo realizado, al delegar, al dar seguimiento, al mantener a otros informados y al ser

sistemáticos y organizados. Entre más grande sea la organización más complejo será el desafío. Les he dicho a líderes jóvenes que cada palabra de corrección debe ser precedida por muchas palabras de afirmación y ánimo. Aun una llamada telefónica o una carta de ánimo puede ser una gran bendición a las personas en medio de la batalla.

Como líderes en la obra misionera necesitamos estar:

5. *Comprometidos a altos patrones en la comunicación.* Mucho de esto será dentro de la organización en la cual trabajamos pero lo más importante es que ellos deben comunicar las necesidades del mundo a la iglesia. Una comunicación clara en el prohibido tema del dinero es muy importante si las visiones han de completarse.

He tenido luchas con este capítulo ya que me es difícil expresar la carga de mi corazón, especialmente porque tenemos tantos buenos libros sobre liderazgo. Mi último punto espero les lleve a leer estos libros ya que es un panorama del líder como lector.

6. *Lector.* Espero en primer lugar que estén leyendo la Palabra de Dios y poderosos libros cristianos, y que vayan de allí a una amplia gama de libros, revistas, cintas y videos, y que incluyan realmente grandes películas. Es un camino riesgoso porque hay mucha basura al respecto, pero

como líderes debemos escoger este camino, no hay ningún otro camino bíblico. Hay una gran variedad de libros sobre el liderazgo y los líderes deberían usarlos. No obstante, no sólo deberíamos leer libros cristianos, sino también otros libros buenos y revistas.

Espero que lo que les compartí, abra su apetito para estudiar alguno de los grandes libros sobre liderazgo. Estos son algunos que les recomiendo: Después que comecé a escribir este libro, se ha publicado el *Future Leader* (El líder del futuro) escrito por un líder de OM , les invito a leerlo.

Sugerencia para lectura:

Soul of the Firm (El alma de los firmes), de C. William Pollard (Zondervan)

Future Leader (El líder del futuro), de Vivian Thomas (Editorial Paternoster)

Spiritual Leadership (*Liderazgo espiritual*), de Oswald Sanders (Editorial Moody)

Understanding Leadeship(Entendiendo el liderazgo), de Tom Marshall (Soberano)

Dynamic Leadership (Liderazgo dinámico), de Paul Beasley Murray (libros Monarca)

A Call to Excellence (Un llamado a la excelencia), de Paul Beasley-Murray (Hodder and Stoughton)

Leadership, Images in the New Testament (Liderazgo, imágenes del Nuevo Testamento), de David W. Bennett (Editorial OM)

Developing the Leaders Around You (Desarrollando a los líderes a tu alrededor), de doctor John C. Maxwell (Editorial Word)

The 21 Indispensable Qualities of a Leader (Las 21 cualidades indispensables de un líder), de John C. Maxwell (Editorial Word)

Libros de referencia:

Unseen Warfare (Batalla invisible), de H.A. Hodges [Prólogo] (Nowbray)

Leaning into the Wind (Inclinándose al viento), de A.W. Tozer (Editorial OM)

From Now On (De ahora en adelante), de Ralph Shallis (Editorial OM)

From Tragedy to Triumph (De la tragedia al triunfo), de Frank Retief (Nelson Word Ltda.)

Mere Christianity (Cristianismo simple), de C S Lewis (Fount)

When Good Men Are Tempted (Cuando los hombres buenos son tentados), de Bill Perkins (Zondervan)

The Snare (La trampa), de Lois Mowday (Alpha)

Let The Nations Be Glad (Dejad a las naciones regocijarse), de John Piper (IVP)

Healing for Damage Emotions (La sanidad de las emociones dañadas), de David Seamands (Alpha)

Power Through Prayer (El poder a través de la oración), de E.M. Bounds (Moody)

4

SEA UN MOVILIZADOR MISIONERO

~~~

Un movilizador misionero es un cristiano que no sólo quiere estar involucrado en la evangelización y en la obra misionera sino también *desea involucrar a otros*. Esto es en obediencia a la Gran Comisión y a las palabras en 2 Timoteo 2:2 donde dice:

> *Lo que has oído de mí ante muchos testigos, esto encarga a hombres fieles que sean idóneos para enseñar también a otros.*

Si queremos ver al mundo evangelizado, tendremos que ver mayor acción en la movilización de toda la iglesia. Creo que todo creyente debe involucrarse en esta gran tarea.

Dios puede usar a cualquiera que ama a Cristo. Mi testimonio es que Dios me lanzó a las misiones y a la movilización cuando tenía dieciséis años; cuando cumplí diecinueve me envió a México (recientemente me involucré en levantar fondos para las misiones, especialmente para la distribución de la literatura). Esto probó ser un lugar para el nacimiento de misiones a corto plazo, un movimiento que ha sido aceptado por la mayoría de las agencias misioneras. Cuando miramos hacia atrás a más de cuatro décadas, a los inicios de Operación Movilización, podemos regocijarnos por los cerca de 100,000 hombres y mujeres, la mayoría jóvenes, que han sido movilizados a las misiones. En muchos casos su participación con OM fue sólo durante un verano o por un año, pero un sorprendente porcentaje de esas personas están involucradas en las misiones o en la movilización de misiones en toda una gama de diferentes formas.

Muchos volvieron a trabajos comunes, en los cuales suelo pensar como "ministerio plaza de mercado", estos en diversos grados están tratando de apoyar la causa de las misiones mundiales.

Bob Sjogren y Bill y Amy Stearns lo describen así:

> Si el clamor de tu corazón es por todo el mundo, si te parece que no oyes a Dios dirigirte para que vayas a un grupo específico de no alcanzados, si estás dotado natural y espiritualmente para comunicar y animar, tal vez tu lugar estratégico es el de un movilizador. Puedes animar, exhortar, empujar, atraer, dar la mano, halagar y orar por una iglesia

con una visión más aguda en su papel en el plan y propósito global de Dios.

Cuando considero estas cosas me acuerdo una y otra vez del tremendo desafío de ir a todo el mundo y predicar el evangelio a toda criatura. Lee de nuevo esos versículos donde se basa la Gran Comisión (Mateo 28:19-20; Marcos 16:15; Lucas 24:47,48 y Juan 20:21-23) Entonces lee otra vez Hechos 1:8 donde tenemos esa expresión final antes que el Señor Jesucristo ascendiera al cielo:

Pero recibiréis poder cuando haya venido sobre vosotros el Espíritu Santo, y me seréis testigos en Jerusalén, en Judea, en Samaria, y hasta lo último de la tierra.

Esa pequeña frase "hasta lo último de la tierra" aún continúa inspirándome profundamente. Es por esto que deseo considerar seis principios básicos que tenemos, si queremos ser efectivos como movilizadores de misiones como parte de nuestra obediencia al mandato de Cristo.

Andar con Dios

En la página de inicio de su libro acerca de la supremacía de Dios en las misiones *Dejad a las naciones regocijarse* John Piper dice:

Si el alcanzar la Gloria de Dios no se ordena sobre alcanzar la bondad del hombre en las afecciones del corazón y las prioridades de la iglesia, el hombre no será bien servido y Dios no será honrado. No ruego por la disminución de las misiones sino por la magnificación de Dios. Cuando la flama de la adoración arde con el calor de la verdad de la Palabra de Dios. La luz de las misiones resplandecerá a las personas en lo más remoto de la tierra.

En todas las áreas del servicio cristiano, así como con la movilización misionera, es importante que empecemos con afirmar que nuestras prioridades son conocer a Dios, caminar con Cristo y experimentar la realidad continua del Espíritu Santo en nuestras vidas. El Espíritu Santo es el Jefe Ejecutivo del mundo de las misiones. Esto se ve con claridad en grandes pasajes como el de Hechos 13 donde la iglesia esperó en Dios en oración, y el Señor, a través de la iglesia, envió al primer equipo misionero, incluyendo a Pablo y Bernabé, al campo listo para la siega.

Necesitamos el obrar constante del Espíritu Santo. Con frecuencia hablo de la historia acerca de D.L. Moody que enfatizaba la necesidad de ser llenos con el Espíritu una y otra vez. Un día cuando le preguntaron: "¿Señor Moody por qué siempre dice que debemos ser llenos una y otra vez ". Él contestó: "Porque tengo fugas".

Creo que muchos cristianos pueden identificarse con esta respuesta. Gloria a Dios que Él puede llenarnos una y otra vez así como pasó en Hechos 4:31 donde leemos que los creyentes se juntaron en oración, el lugar temblaba y ellos fueron llenos con el Espíritu Santo, y salieron y hablaron de la Palabra de Dios con valor. Qué desafío.

Así como confirmamos la importancia de nuestro andar con Dios al empezar a pensar acerca de nuestra parte como movilizadores para las misiones, entonces necesitamos reconocer la importancia de la oración. La oración está en el centro de la acción y un movimiento de oración a lo ancho del mundo debe ir paralelo con cualquier tipo de movimiento misionero en el mundo. Los creyentes abordan la oración con diferentes puntos de vista, pero sin oración debemos reconocer que la movilización misionera a la escala que se necesita nunca ocurrirá. Tenemos una enseñanza clara en Mateo 9:37 y 38, en las mismas palabras de nuestro Señor Jesús.

> *Entonces dijo a sus discípulos: A la verdad la mies es mucha, mas los obreros pocos. Rogad, pues, al Señor de la mies, que envíe obreros a su mies.*

La movilización misionera, en un sentido, empieza en nuestras rodillas, o cualquiera otra postura que adoptemos para orar. De hecho, yo hago algunas de mis oraciones caminando por los alrededores. Stephen Gaukroger en su libro *Who Cares About Mission?* (Quién se preocupa por las misiones), dice:

> ¡Deberíamos orar por las misiones hasta que se vuelva una prioridad! Quizá todos no podamos llevar las buenas nuevas al mundo personalmente, pero si podemos orar de tal forma que otras regiones en el mundo sean tocadas... La oración no necesita pasaporte, ni visa, ni permiso de trabajo. No hay tal cosa como un "país cerrado" en lo que a la oración se refiere... Mucho de la historia de las misiones podría escribirse en cuanto al mover de Dios en respuesta a la oración persistente.

Apropiándose de la evangelización mundial

Los cristianos deben apropiarse de las misiones mundiales. He notado que algunos tienen tendencia a pensar que otras personas o grupos van a hacerlo, y en reuniones por todo el mundo, he observado que parece que sólo un pequeño número de personas se está haciendo cargo de la tarea. El estar preocupado por la movilización a las misiones involucra un sentido de responsabilidad personal. Tal como nos informamos acerca de las misiones, también necesitamos un sentido de gran responsabilidad para actuar. Es posible ser misionero y, aún así, no apropiarse realmente de la visión total de la tarea.

Apropiarse significa el desarrollo de las metas y los objetivos a través de la oración. Algunos han criticado el movimiento mundial de AD 2000, con su visión de tener 200,000 nuevos misioneros por tener metas y objetivos que son muy altos. Por cierto, algunas metas nacionales son tan grandes que si todas se cumplieran, rebasaría bien la marca de 200,000. Puede ser cierto que algunas personas tienen objetivos muy altos pero pienso que tenemos que reconocer como cristianos que a menudo nuestras metas y objetivos son muy bajos. Lo que necesitamos son metas en las cuales podamos ver una combinación de lo "posible" y lo "imposible". Queremos ser llenos de fe pero queremos ser realistas también. Cuando pensamos y oramos acerca del establecimiento de metas, un pasaje importante es Lucas 14 donde se nos dice claramente que debemos calcular el costo de lo que planeamos o hacemos. Cuanto más calculamos el costo de lo que significa movilizar un gran número de misioneros, más se parece la tarea al Monte Everest.

Así como también los individuos, las agencias misioneras e iglesias necesitarán tener metas y objetivos en el área de la movilización misionera. Con frecuencia habrá también, metas nacionales y objetivos que se lleven a cabo en grupos paraeclesiásticos en ciertos países.

Quizá sean hechos por AD 2000, WEF, Lausanne, DAWN, o algún otro grupo. Dios ha levantado una variedad de grupos, estructuras e instituciones; una de las cargas mayores del Movimiento AD 2000 es que de alguna manera puedan ser capaces de unirse aunque no estén de acuerdo en algunas cosas. En lo que tratamos de hacerlo, habrá momentos en que las cosas se vuelvan confusas. Será complicado y habrá dificultades en las relaciones porque ponerse de acuerdo sobre las metas y los objetivos sabemos que es difícil.

Cuando nos enfrentemos con estas dificultades debemos decidir poner en práctica las enseñanzas bíblicas de 1 Corintios 13 acerca de la paciencia, el amor y el perdón. La unidad bíblica es esencial si queremos ver las metas y objetivos cumplidos. Al mismo tiempo, debemos ser realistas. No podemos invertir mucho tiempo, esfuerzo y dinero tratando de edificar un tipo de unidad artificial que no refleja la situación del mundo real. Nunca ha habido una unidad completa desde el día de Pentecostés y no parece que ahora ocurra. Es un área donde tenemos que encontrar un equilibrio.

La sabiduría y el discernimiento son esenciales cuando consideramos entrar en acción en las misiones. A.W. Tozer dijo que el don principal que necesitamos en la iglesia hoy día es el don de discernimiento. Esto no viene como un rayo sobrenatural sino en la medida que nos saturamos con las Escrituras, cuando leemos ampliamente, tenemos comunión con un gran número de cristianos y sabemos lo que sucede en los países que nos interesan y en los que nos involucramos. Sé que en cualquier área de la fe bíblica algunas personas pueden irse a los extremos. Existe ciertamente el peligro de volverse extremista en el campo de las misiones al establecer metas, hablar de resultados, fechas y métodos. Siempre me preocupan estos peligros pero creo que el problema mayor hoy en día es que las personas reaccionan de forma exagerada al extremismo y terminan en la frialdad de la tradición, el juicio, el legalismo, la ortodoxia muerta y la inactividad.

Les animo a desarrollar metas personales y objetivos con respecto a las misiones y la movilización misionera. Por ejemplo, si cada persona que tiene cierto grado de entendimiento, sabiduría y compromiso tuviera como blanco la movilización de otras diez personas, ¿pueden imaginarse qué pasaría en el mundo?

Con frecuencia, por supuesto, la movilización misionera será trabajo de equipo y no de un "obrero solitario" que tiene un don especial para movilizar a otros.

Necesitamos pequeños grupos en todo el mundo, iglesias, y comités los cuales inviertan tiempo en la oración, la discusión y el desarrollo de metas y objetivos definidos con respecto a la evangelización mundial en obediencia al Señor Jesucristo.

Desarrollando un conocimiento mayor del mundo de las misiones

Estrechamente unido al desarrollo de apropiarse del mundo de las misiones, está la necesidad de mejorar el conocimiento de ellas. Podemos hacerlo al leer, ver videos y escuchar cintas grabadas. Cuando nos hayamos absorbido en el material podemos involucrarnos en ayudar a otros a conocer este material. Creo que debemos incrementar la cantidad de información sobre las misiones y que debemos usar cada método de comunicación disponible para hacerlo, si queremos lograr las metas que nos hemos puesto. Es necesario involucrar a las personas en experiencias misioneras en la localidad y al otro lado del mundo y ver que actuando localmente podemos crear un impacto global.

Ya existe una avalancha de información sobre esto pero muchas personas no lo tienen. Recomiendo que cada movilizador misionero esté en contacto por lo menos con una docena de organizaciones misioneras, para obtener información acerca de las diferentes oportunidades que existen. Esto representa escribir cartas, llamadas telefónicas, faxes y correo electrónico. Cuando pensamos en todos los métodos de comunicación que tenemos hoy en día, realmente no tenemos excusa para estar inactivos. ¿Pueden imaginarse si Pablo hubiera tenido un teléfono portátil o una computadora en sus manos?

Dios nos ha dado estas cosas como herramientas. No debemos temer a la alta tecnología. Puede usarse mal, pero deberíamos ser cuidadosos y usarlos apropiadamente. Hay muchas oportunidades y creo que como personas sencillas y reclutas potenciales al oír de esas oportunidades puedan responder. En primer lugar, deben poseer esta información.

Necesitamos apreciar la importancia de tener comunicación con tantos grupos e individuos como sea posible, con frecuencia, a través de los métodos modernos de comunicación podemos tener información específica y al día, además de peticiones de oración sobre los no alcanzados en el mundo. Los grupos grandes tales como, el de `Adopte una Etnia', AD 2000, Lausanne, y WEF pueden servir como centro de enlace en el intento de lograr esta red mundial de trabajo.

Mientras tanto, no olvidemos la importancia de las pequeñas agencias misioneras. Hay miles de ellas en todo el mundo. (Aquellos de nosotros que tenemos décadas de experiencia en las misiones, necesitamos ser generosos y compartir nuestras experiencias con esas agencias nuevas; ayudándolas para evitar que cometan alguno de los errores que cometimos. Esta es otra razón por lo que creo que trabajar en comunicación con otros es tan importante.) Grupos grandes o pequeños e individuos movilizadores necesitan orientarse entre sí.

Un beneficio adicional de tener nexos fuertes de comunicación es que esto ayudará a eliminar parte de la ignorancia que parece rodear la evangelización mundial. Algunas de las cosas que leo, y aun las estadísticas que veo no son verdaderas. Es sorprendente lo que hay en la Internet mundial. Recientemente, en una gran conferencia, el número total de cristianos en África, donde hay un cuantioso nominalismo en algunos países, resultó que todos ellos se mencionaron como "nacidos de nuevo" debido al error de alguien. Las personas no están haciendo suficientes investigaciones antes de publicar su información. Incluso, historias de grandes acontecimientos evangelísticos, después de haber hecho la investigación, muestran que nunca ocurrieron. Esto produce una incredulidad general y falta de confianza hacia los movimientos misioneros y será una de las cosas que Satanás usará cuando establezcamos nuestras metas para el futuro. Se nos dice en

Proverbios 18 y en muchos otros lugares en las Escrituras que necesitamos asegurarnos de nuestra información antes de abrir la boca para hablar.

Sin embargo, no debemos intimidarnos por estos problemas porque entonces no intentaremos nada. Aún podemos diseminar información, pero escogiendo nuestras palabras con cuidado, corroborando los hechos, admitiendo cuando nos equivocamos y comunicando la realidad, con humildad y enseñanza. Ese importante versículo en Filipenses 2:3 que nos ruega a considerar a otros mejores que a nosotros mismos es vital en este contexto. Al tener contacto con un amplio número de agencias necesitamos apreciarlos e interesarnos en lo que están haciendo. No nos desanimemos por alguna información errónea o por algo insignificante que leímos acerca de ellos, y por esto olvidar cómo Dios ha usado a tantas iglesias, agencias y movimientos a pesar de sus fallas, debilidades y pecados.

Esto nos llevará a unirnos más. No podemos trabajar todos juntos en un nivel práctico, pero podemos tener una buena actitud hacia otras agencias dentro del cuerpo de Cristo.

Hay muchas tensiones en la obra misionera, algunas de ellas son consideradas más adelante en este libro, y necesitamos aceptar la paradoja que nuestra unidad tiene que ser en medio de la diversidad.

Usa las herramientas disponibles

Hay muchas herramientas excelentes disponibles para la tarea de la movilización. Estoy sorprendido por la cantidad de materiales motivadores que llenan mi apartado postal que vienen de iglesias y agencias misioneras, videos, audiocasetes, libros y revistas. He escrito en otra parte acerca de la necesidad de cerca de un millón de piezas de literatura para la movilización misionera. No creo que esto sea mucho. Gran parte de este material se está produciendo ya por todo tipo de iglesias y agencias. Si pudiéramos multiplicar diez veces lo que ya se produce, creo que esto llevaría al movimiento misionero mayor de todos los tiempos. Esto nos equiparía para completar las metas y objetivos extraordinarios que se han establecido tales como alcanzar a cada persona y plantar una iglesia en cada grupo no alcanzado para el año 2000. Como lo veo ahora, necesitamos muchos años de este nuevo milenio antes de que realmente ocurra. Debemos admitir que estamos muy atrasados.

Podemos tener interminables debates acerca de los números, las fechas, la naturaleza y el tiempo de las oportunidades. Yo pienso que probablemente no es bueno fijar fechas. Al mismo tiempo nuestros corazones claman, "entre más temprano mejor", porque sabemos que estas metas están conectadas con gente perdida, personas reales que pasarán a la eternidad sin conocer de Cristo. Esta es un área donde todos nosotros podemos involucrarnos. Por qué no invertir unos cuantos dólares (más bien unos cuantos cientos) en material para la movilización misionera que podrás llevar dondequiera contigo y tenerlos a la mano cuando se presente la oportunidad. Úsalos, pero también distribúyelos a otros para que los usen. Haz fiestas misioneras en tu casa en las cuales muestres un video y compartas con ellos literatura. Es ilimitado lo que pasaría si los cristianos se dieran cuenta de que podrían involucrarse en misiones que podrían afectar a millones de personas en el mundo.

Cuando veamos que las personas se interesan en las misiones y en la lectura al respecto quizá sea correcto que el próximo paso sea animarlos a ir a algún evento misionero.

Casi todos los países grandes tienen ahora eventos misioneros y por supuesto algunas iglesias y agencias también los tienen. Podemos lograr que las personas se interesen en estos eventos. ¡No nos desanimemos por que no nos agrade cierta música! (Qué triste que el cuerpo de Cristo pelee por los estilos de música, cuando la historia prueba claramente que el Espíritu de Dios ha usado una amplia gama de música para llevar a las personas a un andar más cercano con Cristo.) No nos enfoquemos en las áreas donde no estamos de acuerdo.

Tendremos que aprender a estar de acuerdo en los desacuerdos y avanzar con los principios básicos de la vida cristiana, movilizando personas a las misiones y presentando el evangelio a todo el mundo. Necesitamos mantener a todos informados acerca de estos eventos misioneros sin importar que sean pequeños. Aquellos de nosotros que dirigimos estos eventos y estamos involucrados de otra forma necesitamos ser sensibles con la gran variedad de personas con quienes tratamos. No seamos polémicos a propósito. Algunas veces el ser polémico a propósito puede ser un acto de egoísmo. Recibimos atención especial de cierto tipo de personas y esto no siempre es saludable. Necesitamos oír a aquellos que no están de acuerdo con nosotros y a los que sienten que somos extremistas y dicen que establecemos cosas que rebasan sus límites. En esta forma podemos edificar la unidad y avanzar con las altas prioridades.

La educación formal es una herramienta poderosa para la movilización misionera. La mayoría de los colegios bíblicos tienen un justo y genuino compromiso con las misiones, y las agencias misioneras tradicionalmente trabajan muy cerca con estos. (Mi mensaje en casete *Why Go to Bible College* [¿Por qué ir al colegio bíblico?] ha llegado a muchos países del mundo.) Algunos colegios cristianos (ahora llamados universidades) también tienen un empuje misionero importante. Este es principalmente un fenómeno norteamericano.

En Gran Bretaña los comités cristianos en las universidades y colegios de estudios superiores hacen una movilización misionera importante. Necesitamos una estrategia que incluya todas estas formas para la movilización.

Si te consideras un movilizador de misiones, averigua acerca de estos lugares y si es posible visítalos. Manténte informado de lo que están haciendo. Considera la posibilidad de ir a un colegio bíblico por un año o dos, tal vez con un enfoque misionero mientras conoces más de la Palabra de Dios. Sin embargo, no pienses que sólo se necesitan teólogos y sofisticados plantadores de iglesias que son brillantes aprendiendo idiomas en el campo misionero hoy en día. Una y otra vez hemos visto a Dios enviar personas con entrenamiento básico. Necesitamos personas tras bambalinas, tales como mecánicos, secretarias, contadores y técnicos en computación.

Necesitamos desesperadamente personal que trabaje en las oficinas locales en su propio país. Qué triste es que muchas personas ignoren la cantidad de plazas vacantes que es necesario cubrir.

La montaña que inmediatamente se levanta frente a nosotros (y ocurre cada vez que hablo con alguien acerca de las herramientas que se necesitan para la movilización misionera) es: "¿Dónde conseguimos el dinero?" La respuesta descansa en un compromiso con el tipo de oración intercesora que proporcionará los recursos para la obra misionera y un compromiso para levantar fondos de acuerdo a la Biblia. Debemos entender el estilo de vida bíblico y evitar extremos a ambos lados del espectro de estilos de vida. Las personas necesitan entender la enseñanza clara de Jesucristo de hacer tesoros en el cielo y que es mejor dar que recibir. Debemos pensar en la historia de la ofrenda de la viuda. Al mismo tiempo, necesitamos estudiar la historia y darnos cuenta de cómo Dios ha usado a hombres y mujeres que con su humilde trabajo ganan considerables recursos trabajando duro y con lágrimas, y que después, comparten esos recursos con agencias misioneras e iglesias para la causa de la evangelización mundial.

Woodrow Kroll habla al respecto fuertemente:

> Los misioneros detrás de la línea de fuego que financian la propagación del evangelio son de vital importancia en el mundo hoy en día. Trágicamente, aquellos que son llamados y entrenados, no encuentran suficiente apoyo financiero para ir a los

campos. Ellos terminan haciendo otras cosas en lugar de lo que Dios los llamó a hacer, y no es culpa de ellos. Su falla es por la falta de los misioneros detrás de la línea de fuego que no hicieron su parte."
(*Manual HomeFront*)

En lo que desarrollamos la forma correcta de pensar y actuar cuidemos de no destruir otra agencia o grupo, porque pensamos que sus métodos para levantar fondos no son espirituales. Todos nosotros en cierta ocasión hemos sido pocos espirituales en este contexto.

Sin embargo, sin dudas, el que esté libre de pecado que tire la primera piedra. La unidad de Dios está ciertamente en medio de la diversidad, pero mientras tanto necesitamos una mayor estrategia bíblica y compasiva para desprendernos de las finanzas. Al mismo tiempo, necesitamos el más alto nivel de realismo e integridad al recaudar fondos.

Involucrarse en una iglesia local

Cada movilizador comprometido debería involucrarse en una iglesia local. Diferentes personas responden al desafío de ser movilizadores misioneros en el contexto de la iglesia en diferentes formas y la respuesta de sus iglesias también es muy variada. Este es otro campo donde necesitamos evitar generalizar, hacer juicios y por supuesto extremismos porque Satanás anda como león rugiente (y sutil al mismo tiempo) buscando a quien devorar en el área de las relaciones dentro de las iglesias. Recientemente leí un libro acerca de todo el movimiento de una iglesia que se volvió extremista y todo esto bajo la hermosa palabra de "discipulado". Tenemos libros nuevos que han sido publicados que indican que muchas personas han sido heridas en los últimos 10 ó 20 años por el extremismo en grupos e iglesias locales (aquellos de nosotros en agencias misioneras sabemos que también hemos herido a personas cuando no hemos tenido suficiente gracia o que hemos sido duros o dictadores con ellos). No va a ser fácil pero en lo que nos movemos en el poder del Espíritu y tomamos una actitud de humildad, apertura y fáciles de enseñar, creo que podemos ver un nuevo día con respecto a nuestra relación con la iglesia. Esto ocurrirá mientras trabajamos juntos para la movilización misionera y vemos que el porcentaje correcto de dinero salga de las iglesias locales a las regiones más lejanas donde, con frecuencia, sólo llegan las migajas de nuestras mesas.

En lo que intentamos llevar las iglesias locales a la visión misionera (y por supuesto hay muchas iglesias locales que están llevando a otras a la visión) usemos un acercamiento menos amenazante. Los problemas pueden surgir cuando retamos a movilizarse a las misiones a personas fuera de sus iglesias y después intentamos que la iglesia tenga la visión. Esto puede ocurrir, por ejemplo, cuando una persona joven regresa de estar por un período corto en la obra misionera. El libro *Re-Entry (Reentrada)* de Peter Jordan es esencial que en ese momento lo lea tanto el que regresa como la iglesia.

Muchos jóvenes que planeaban una carrera misionera han sido derrotados por el desánimo u otros dardos de fuego durante su regreso después de un período a corto plazo en el campo misionero. Peter Jordan escribió un capítulo llamado "Historias de horror" que describe las respuestas negativas que los misioneros recibieron de las iglesias cuando regresaron. Debemos trabajar para entender este problema y captar la realidad que se expresa en 1 Corintios 13 donde el resultado práctico del amor cristiano se establece para nosotros.

Para muchos movilizadores jóvenes el enfoque de sus actividades será sus universidades.

Pensamos por ejemplo, lo que Dios ha hecho en Urbana, a través de IFES o a través de los comités cristianos en el Reino Unido. Este movimiento estudiantil así como la Cruzada Estudiantil y otros movimientos, son grandes contribuyentes a la columna vertebral de las misiones en el mundo hoy en día. Si tú estás en alguno de estos grupos, ora por grupos en otros campos universitarios y sé un movilizador misionero.

Reclutando a otros para la evangelización y el ministerio

Una forma poderosa para ser un movilizador misionero es involucrar a otros en la evangelización donde ellos están. No debemos ver la evangelización local en oposición a la evangelización en otras partes del mundo. Tenemos hoy en día personas de grupos no alcanzados viviendo entre nosotros en muchos lugares en el mundo. Parece muy obvio que las personas que aman a Cristo y que están comprometidos con las misiones mundiales deberían involucrarse por lo menos de alguna manera en alcanzar a estas personas, incluyendo los estadounidenses, los cuales vienen de los países más necesitados en el mundo.

Al mismo tiempo, hay un valor en mandar personas de su país a otro país, ambos como una experiencia de aprendizaje y porque se ha probado que es una parte vital de la estrategia de Dios para la evangelización y para plantar iglesias. Háblales a las personas que estás animando para las misiones acerca de la obra a corto plazo. No necesitas tener un llamado especial para esto. Dios guía a las personas por diferentes caminos. Para algunos quizá sea un verano seguido por un programa de un año o dos y después regresar como enviador en lugar de uno que va (en un amplio sentido todos somos ambos, enviadores y los que vamos, o deberíamos serlo). Es emocionante ver los misioneros a largo plazo, desesperadamente necesitamos más de ellos, muchos de ellos están saliendo de los movimientos a corto plazo. Piensa en usar parte de tus vacaciones de verano para algún tipo de actividad misionera y anima a otros a considerar esto también.

Una de las grandiosas formas de permanecer en el corazón del mundo misionero es el estar involucrado en el evangelismo y especialmente con personas de otros países que quizá viven justo allí en tu comunidad. Cuidado con las luchas que enfrentarás cuando te lanzas a esto. Habrá fallas, desilusiones. Pero recuerda que las desilusiones en la evangelización pueden ser decretos de Dios para enseñarnos algo mayor y mejor. Tenemos que estar firmes contra los dardos furiosos del desánimo. He luchado con esto toda mi vida cristiana. La gracia de Dios es suficiente. La gran fe bíblica mueve montañas, no viene sin dudas, luchas, desánimos o aun pecados. Ocurre en medio de estas cosas. Cuando clamamos ser limpios en la preciosa sangre de Cristo, o renovamos nuestras vidas a través de la obra del Espíritu Santo y volvemos a la cruz, Él nos equipará para obedecer su mandato para llevar el evangelio a otros.

Estoy seguro de que Dios ya está usando a muchos de ustedes que leen este capítulo más de lo que se pueden imaginar. Sé cauteloso de la sutileza de seguir una forma antibíblica, y de no vanagloriarte. Date cuenta que Dios está haciendo grandes cosas en el mundo hoy en día. Él está trabajando a través de iglesias antiguas, e iglesias nuevas, agencias antiguas y agencias nuevas, en una forma emocionante.

> La respuesta a "¿Cuál es la importancia de la movilización?" Es para crear millones de horas de oración, finanzas y obreros para la mies. Para ver iglesias plantadas, discipuladas, alcanzando a otros dentro de sus culturas y después en otras culturas. Todo para glorificarle a Él juntos por la eternidad. (Bob Sjogren y Bill y Amy Stearns, dicen en su libro Run With the Vision (Corre con la visión).

Espero que hagas un compromiso para unirte a este trabajo y seas un movilizador misionero.

Sugerencias para lectura:

Operation World (Operación mundo), de Patrick Johnstone (Editorial OM)

The Church is Bigger than You Think (La iglesia es mayor de lo que crees), de Patrick Johnstone (Editorial Enfoque Cristiano)

You Can Change the World (Tú puedes cambiar al mundo), de Jill Johnstone (Editorial OM)

Serving as Senders (Sirviendo como enviadores), de Neal Pirolo (Editorial OM)

Contemporary Christian Music Debate (Debate de la música contemporánea), de Steve Miller (Casa Tyndale)

Catch the Vision 2000 (Capta la Visión del 2000), de Amy & Bill Stearns (Editorial Casa Betania)

Run With the Vision (Corre con la visión), de Amy y Bill Stearns (Editorial Casa Betania)

The Great Omission (La Gran Omisión), de McQuilken Robertson (Editorial OM)

Home Front Handbook (El manual del frente en casa), de Kroll Woodrow (BTBUK)

Born to Reproduce (Nacidos para reproducirse), de Dawson Trotman (Editorial Nav)

Re-Entry (Reentrada), de Peter Jordan (Editorial JUCUM)

101 Ways to Change Your World (101 Formas para cambiar el mundo), de Geoff Tunnicliffe (Editorial Chariot y Victor)

Unveiled at Last (Por fin descubierto), de Bob Sjogren (Editorial de JUCUM)

Libro de referencia:

Who Cares About Mission? (¿Quién se preocupa por las misiones?), de Stephen Gaukroger (IVP)

5
FUTUROS MISIONEROS ¿DE DÓNDE?

~~~

La acción es para todos

Hay muchas controversias en el área de las misiones mundiales. Mencioné varias de ellas en el primer capítulo donde hice un llamado a un despertar de la gracia por medio de un acercamiento en los complejos debates que toman lugar con respecto a los diferentes aspectos de la obra misionera. Una de estas controversias es tan importante para el futuro de las misiones que quiero dedicarle un capítulo. Es el debate sobre si es necesario que los países tradicionales que envían misioneros de occidente, continúen enviándolos al exterior. Australia y Nueva Zelanda entran dentro de este campo también.

El argumento de terminar haciendo las cosas de esta forma, ha sido establecido con fuerza por diversos grupos e individuos. El caso es presentado por lo general como económico. Se dice que es más efectivo invertir fondos de occidente para el sostenimiento de obreros nacionales, que viven relativamente de forma más barata en sus propias sociedades, que equipar y entrenar los de occidente con todas las altas expectativas de su estilo de vida y la necesidad de preparación transcultural. Grandes sumas de dinero se mencionan en defensa de ese lado del argumento. Dicen que algunas familias americanas necesitan mucho dinero al año para permanecer en el campo misionero y que los solteros en misiones a corto plazo necesitan $25,000. En versiones extremistas del argumento sobre algunos obreros solteros nacionales, es lo opuesto, se menciona que pueden vivir con $500 al año. Por supuesto, hay algo de verdad en este argumento. En Operación Movilización, al paso de los años, hemos tenido la oportunidad de observar los dos lados del debate debido a que usamos ambos métodos. Hemos estado asociados con iglesias locales que envían estadounidenses, canadienses y especialmente, británicos, así como otros del llamado primer mundo, al mismo tiempo, patrocinamos obreros nacionales, especialmente en países como la India, Paquistán y Bangladesh. Yo diría de esta experiencia que ciertamente continúa la necesidad de misioneros de países occidentales, a pesar del hecho que en varios lugares parece que los obreros nacionales son capaces de seguir con la obra a un costo más bajo y en algunos casos parece ser más efectivo. (David Lundy cubre este tema con más detalle, particularmente con respecto a OM, en su libro, *We Are the World* (*Nosotros somos el mundo*).

Como muchos de los complejos debates que ocurren en la iglesia hoy día, mi posición es que necesitamos un acercamiento equilibrado a esto, y que no es el caso de "éste o aquél" sino un caso de "ambos". Lo más importante que necesitamos recordar es que en definitiva la cuestión no es si envía o no, sino que como individuos, o iglesias u otro tipo de grupos, debemos andar con Dios y buscar su dirección al trabajar en la edificación de su reino. Este concepto debería estar en nuestras mentes cuando llevamos a cabo estos debates.

El primer punto para asimilar en el debate, es la inmensa tarea que debemos enfrentar como cristianos, para llevar el evangelio hasta lo último de la tierra. Los cristianos cómodos de occidente están protegidos de los brutales hechos, debido a que no viven en la verdad del hecho de la explosión demográfica. Consideren a la Ciudad de México que se mueve a la marca de 25 millones de habitantes; la India tiene ahora más de 1,000 millones y China más de 1,300 millones. Consideren la explosión demográfica del mundo musulmán que pronto 1 de cada 6 personas en el mundo serán musulmanes. Entonces ponga al lado de estos datos los 200,000 misioneros cristianos en el mundo. No sólo la cruda realidad de las estadísticas espantan, sino el hecho de que hay muchos grupos no alcanzados en el mundo donde no hay misioneros, y si los hay, son pocos. Muchos de estos grupos están en la ventana 10/40.

La existencia de grandes necesidades no es en sí un argumento para continuar usando misioneros de occidente. Después de todo entre mayor es la necesidad, más importante es considerar la forma más efectiva para suplirla. Sin embargo, la gran comisión de Cristo, incluyendo la responsabilidad de llevar el evangelio hasta lo último de la tierra, fue para los cristianos en todas partes.

El congreso de Lausanne lo describe así:

"La evangelización mundial necesita a toda la iglesia para llevar el evangelio a todo el mundo." Si esto resulta en una complicación transcultural y en grandes gastos entonces que así sea.

Las personas correctas en el trabajo correcto

Hay ciertos lugares en el mundo (el sur de la India es un buen ejemplo) donde los obreros nacionales pueden hacer el trabajo. Que lo hagan o no, esa es otra cosa. Hay miles movilizados en el sur y centro de la India y hay miles de iglesias. Lo mismo sucede en Papua Nueva Guinea donde la necesidad no es de más misioneros foráneos, profesionales bien pagados, sino de la movilización de más laicos, combinado con una mayor realidad espiritual e integridad. En algunos casos, hasta que los misioneros no se quiten de en medio, los laicos nunca se movilizarán. En estos casos es apropiado para el trabajo de evangelización que los cristianos nacionales se ocupen de ello y que el esfuerzo de los misioneros del exterior se concentre en apoyar, en lugar de dirigir la obra y al personal.

Lo mismo quizá sea una realidad en los lugares grandes de Brasil, Argentina, Kenia, Nigeria, Filipinas y otros lugares.

En el otro extremo, sin embargo, hay grupos entre los cuales existen muy pocas iglesias, tales como: Los uighers del oeste de China, los afganos, los kurdos y los baluches y cientos de grupos más. El argumento de que la iglesia occidental debería comprometer sus recursos y enviarlos para el apoyo de los obreros nativos en lugar de enviar misioneros, se encuentra debilitado en el contexto de estos grupos. En muchos de esos lugares no hay obreros nacionales que mantener. El tamaño, la fuerza y la herencia misionera de los países que por tradición envían misioneros son vitales en la generación de personal para ir y trabajar en estas situaciones que son un desafío. Entre estos extremos existen países donde hay una presencia cristiana significativa, pero donde aún existe la necesidad de la ayuda de misioneros foráneos de países tradicionalmente enviadores, posiblemente en funciones especiales y de entrenamiento.

Hay algunos lugares donde quizá exista una iglesia nacional fuerte que por razones culturales no es bueno que alcancen a sus vecinos. Bangladesh es un ejemplo de este fenómeno. Personas con un antecedente hindú o animista forman la mayoría de los cristianos en la India y se ha comprobado que es inefectivo alcanzar transculturalmente a sus vecinos musulmanes, quienes forman el grupo mayoritario en Bangladesh. Debido a que los obreros extranjeros han tenido un gran impacto en Bangladesh y han entrenado a musulmanes convertidos para ir y plantar iglesias y alcanzar a otros musulmanes.

Podemos regocijarnos de que algunos miles de musulmanes han decidido seguir a Cristo. Esto es principalmente el resultado de la obra de misioneros foráneos, aunque hubo algunos bengalíes que llegaron allí en los primeros años; ellos eran principalmente de ascendencia musulmana.

Estos ejemplos aclaran que el debate es más complejo que simplemente, "enviar misioneros" contra "mantener a los nativos". Por supuesto, en algunos casos es el primero, en otros el segundo y a veces ambos casos. No importa qué método escojamos siempre habrá muchos obstáculos y problemas. Necesitamos ser más honestos al respecto. Una vez que hemos aceptado esto, entonces podemos concentrarnos en asegurarnos que los misioneros occidentales vayan donde genuinamente se les necesita.

Creo que los misioneros extranjeros que van a los países donde la iglesia está establecida deberían ir como especialistas y para entrenamiento. No estoy en contra de un extranjero dinámico quien va, por decirlo, a Francia como plantador de iglesia. He visto tremendas obras misioneras internacionales en Francia que han sido usadas maravillosamente. Sin embargo, siento que nuestras prioridades en tales situaciones, deberían ser ayudar a entrenar hombres y mujeres a plantar iglesias en su propio país. He sentido algo muy fuerte acerca de esto, por ejemplo, porque he trabajado en conjunto con muchos plantadores de iglesias en Francia que se han quedado mucho tiempo en esa iglesia en particular que ellos han plantado.

Los misioneros, como cualquier otro, se pueden acomodar. Ellos tienen una casa, tienen a sus hijos en la escuela y no es fácil desarraigarse de eso. También es difícil para los líderes decirles:

"Ahora es tiempo de moverte a otro lugar, a otra tarea, y dar lugar a que los nativos continúen con el trabajo que empezaste". Es posible que misioneros pioneros se vuelvan continuadores y que se involucren en todo tipo de ministerios que podrían funcionar con los creyentes locales.

Así que el argumento falso que no se necesitan más misioneros occidentales, ha sido fortalecido por el hecho obvio, que tales misioneros no siempre han ido a los lugares donde su presencia era más estratégica.

Mi ruego es por la reasignación del personal para que prestemos más atención a los lugares donde es difícil que haya misioneros y donde ellos parecen ser particularmente efectivos. Tenemos que enfrentar la realidad que un alto porcentaje de los jóvenes toman sus decisiones acerca del lugar donde trabajar, basados en evidencias subjetivas. A menudo, se basan en los misioneros con quienes han estado en contacto. Debido a que no hay muchos misioneros que regresan de los grupos menos alcanzados, y no hay mucha influencia para que los jóvenes se interesen en esos lugares, hay una falta de personal continua.

Un misionero que quiere que un joven venga a trabajar en un lugar en particular, por ejemplo, porque él o ella no han podido discipular a algún nativo para hacer cierto trabajo, puede hacer que ese lugar suene como el más inalcanzado del mundo. Pero, ¿qué hacemos con la desilusión y la confusión de los jóvenes misioneros que llegan a los lugares y descubren que los nacionales podrían haber hecho el trabajo con facilidad, o que alguien podría haber sido contratado para hacer el trabajo a una décima parte de lo que cuesta enviar a un misionero allá? En algunos casos los que no son cristianos podrían haber hecho mejor el trabajo. Todavía tenemos un gran número de occidentales que desean ir a países donde no se necesitan tanto los misioneros. Ellos se necesitan desesperadamente, pero no necesariamente en el lugar donde ellos esperan ir.

Se puede progresar para resolver este problema, aconsejando con mucho cuidado a los jóvenes occidentales y a través de un entrenamiento de lo que la obra misionera realmente es, junto con información de buena calidad. Entonces, por ejemplo, cuando un joven sienta que debería trabajar en Manila, Filipinas, porque han visto que hay muchos niños durmiendo en las calles, se les podría informar que Manila tiene más iglesias que la mayoría de las ciudades en el mundo.

Un problema apremiante en Manila es cómo movilizar a la iglesia para alcanzar y cuidar a estos niños, y después cómo costear los gastos del gran número de filipinos que quieren salir como misioneros, pero que no tienen dinero, ya que no queda nada después de pagar todas las deudas de la iglesia. Gracias a Dios que hay disponibles un buen entrenamiento, consejería e información. Sólo necesita extenderse a los candidatos a misioneros.

No debemos ser extremistas en este tema porque creo que el Espíritu Santo guía a las personas en diferentes formas. Si has trabajado en Brasil y Dios te dio un gran ministerio allá, es probable, que yo te aconsejaría regresar a Brasil. Sólo porque Brasil tiene un gran número de cristianos y se espera que sea uno de los principales países que enviará misioneros en los próximos 25 años, no significa que no hay lugares para ti, como misionero foráneo en Brasil. Sin embargo, tendrás que ser diferente de los que fueron allá hace 20 años. Mi preocupación es que muy a menudo las personas occidentales no son suficientemente flexibles para encajar en las nuevas situaciones de misiones que prevalecen en lugares como Brasil o las Filipinas.

¿Por qué usamos personal misionero valioso y muy costoso para realizar trabajos que podrían hacerse aun por un inconverso por un costo relativamente más bajo? Esto se debe a que ha habido un mal uso de los recursos humanos dentro de las misiones y se le ha dado poco valor al tiempo de las personas, por lo que algunos misioneros, en los cuales se ha invertido mucho en entrenarlos y enviarlos, están haciendo tareas que realmente son ordinarias. Esto quizá esté bien para el primer año cuando están en entrenamiento, aprendiendo humildad y quebrantamiento, pero a largo plazo, sin embargo, si se les está pagando cantidades substanciales de dinero por estar allí, ellos deberían verdaderamente ganárselo. Perdonen la terminología secular, pero si no nos comprometemos a la excelencia en nuestro quehacer misionero creo que estaremos incubando problemas para nosotros en el futuro.

Algunas iglesias están empezando a tomar medidas sobre este problema; desanimados por el trabajo que sus misioneros están realizando, empiezan a hacer preguntas. Ellos piden una información detallada de aquellos a los que están patrocinando y de la naturaleza de su trabajo. Ellos están empezando a apropiarse. Por supuesto algunas agencias misioneras están reaccionando en contra de esto y por eso tenemos otra controversia en la obra misionera.

No es una sorpresa que la amplia complejidad que se enfrenta en el despliegue de misioneros occidentales ha creado la ilusión de que no hay necesidad de ellos. En Operación Movilización tenemos ahora 2,800 obreros en 80 países diferentes.

Hay muchas complicaciones y problemas, tengo que admitir que los errores son frecuentes.

Las personas no siempre son desplegadas en la forma más estratégica. No estoy en la posición de juzgar los métodos de otros, pero en mi comunión con Dios, el Espíritu Santo me ha movido a rogar por un acercamiento, y pensar de forma más estratégica para el despliegue del personal misionero.

Insensibilidad

Las personas que argumentan que los misioneros occidentales no son necesarios y que el énfasis debería ser en dar apoyo financiero a los obreros nativos, esto tiende a acentuar la insensibilidad cultural que con frecuencia ha ido de la mano con la actividad misionera occidental. Esto ciertamente es un asunto para preocuparse. En algunos lugares hay una gran pared entre los misioneros y la iglesia local, nacional. También hay, por lo general, muchos ejemplos de nativos que son insensibles a las personas de otras culturas en sus propios países. Aunque puede haber fallas en ambos lados, es verdad que muchas veces los misioneros occidentales han llevado sus costumbres culturales y sus puntos teológicos con ellos y esto tiene como resultado legalismo y el asesinato de la gracia. Nosotros los de occidente, a menudo, fallamos por no tener un estilo de vida más moderado o sencillo para ajustarnos a la cultura en donde trabajamos. Arribamos con muchas de nuestras posesiones y todo eso trae complicación y confusión en algunas culturas. La Convención de Lausanne reconoce este problema. Dice:

> "Las misiones, con frecuencia, también han exportado con el evangelio una cultura diferente, y las iglesias algunas veces han estado unidas a la cultura, en lugar de a las Escrituras. Los evangelistas de Cristo deberían con humildad buscar vaciarse de sí mismos, de todo, excepto de su autenticidad personal para poder convertirse en servidores de otros, y las iglesias deberían buscar transformar y enriquecer la cultura, todo para la gloria de Dios."

Hasta cierto punto, esto es algo que se puede tratar durante la selección y el entrenamiento de misioneros. Si las personas no han sido aprobadas en este frente, posiblemente en algún programa a corto plazo, entonces tal vez no deberían planear ir al campo misionero.

Esta es una de las ventajas de los programas a corto plazo. Uno de los secretos de OM es que muchas personas son liberadas de su "llamado misionero" durante su tiempo con nosotros. Ellos se dan cuenta de que no son el tipo de persona que puede ser usada con eficacia en una difícil situación misionera transcultural. Este proceso de escrutinio es muy valioso.

Dependencia

Un gran problema creado por hacer énfasis en el apoyo financiero a obreros nacionales de las iglesias occidentales, en lugar de enviar misioneros, es el de la dependencia. Yo aprendí, muy pronto, sobre los beneficios y desventajas de este acercamiento. Cuando fui por primera vez a México, yo era todavía un estudiante de universidad, así que la única cosa que podía hacer, era movilizar jóvenes mexicanos, mientras suplía los fondos, a través de la oración, para el trabajo que hacían. El primer obrero nacional con el cual trabajé, cuyo nombre puse a mi primer hijo, dejó la obra después de 15 años, porque le era difícil vivir del dinero norteamericano. Él era mexicano y no quería hacer eso más. Con frecuencia, hay confusión y dolor cuando grandes sumas de dinero tienen que salir de un país, para mantener a personas que están trabajando a 10,000 millas de distancia en otro país y otra cultura.

En nuestro trabajo en la India, por ejemplo, estamos tratando de obtener un porcentaje más alto de todo el dinero que entra cada año de allí mismo de la India. Es muy difícil. Tenemos que enseñar sobre una recaudación de fondos bíblica y usar libros como: *Friend Raising* (Reuniendo amigos), *Building a Missionary Support Team*

"Construyendo un equipo para dar apoyo misionero", y *People Raising, A Practical Guide to Support Raising* "*Reuniendo personas, una guía práctica para recaudar fondos*"*. Estos libros no sólo se necesitan para misioneros extranjeros sino para nacionales también. OM es conocido por su política, ya que tenemos personas de más de 80 países diferentes trabajando en docenas de países en el mundo. Sin embargo, no aceptamos personas de países que envían nuevos misioneros, al menos que ellos recauden su propio sustento; la mayor parte de su propio país y una buena parte de su iglesia. Después de todo, creemos que esta es la forma correcta. El futuro no descansa en sumas cada vez mayores, canalizadas de occidente para apoyar el trabajo en los llamados países receptores.

Algunas veces el dinero es canalizado en una forma ligera, cuando cristianos locales son animados a ir a occidente para recibir educación y entrenamiento. Yo creo que no es lo mejor cuando animamos, por ejemplo, a un hermano africano o hermana a moverse de su cultura, lejos de su familia por cinco o seis meses para recibir más educación. Es aceptable en ciertas circunstancias, pero creo que no es lo mejor. Lo más provechoso para

---

* Las referencias tomada de libro *People Raising* (Reuniendo personas), de William Dillion, de la Editorial Moody del Instituto Bíblico Moody en Chicago, fueron usadas con permiso.

estas personas es recibir educación de mejor calidad en sus propias culturas o en culturas similares. Tengo 40 años de experiencia viendo personas que regresan de occidente incapaces de adaptarse a su propia cultura. Un hermano que estudió conmigo en el Instituto Bíblico Moody regresó a la India, pero no pudo adaptarse a vivir allá. Regresó a los Estados Unidos, dejó su llamado misionero, y ha vivido allí desde entonces. De hecho, hay miles que no regresan, o regresan temporalmente y después vuelven a occidente. No hagamos que se sientan culpables. Si continúan en la fe, gloria a Dios por eso. Sin embargo, estemos vigilantes del peligro en la obra misionera al entrenar a las personas de esta forma.

Aprecio a las personas y los movimientos que cuidadosamente están tratando de ayudar a los obreros nacionales en sus propios países, a llevar a cabo su trabajo, al suplirles libros, equipos y algunas veces dando dinero. Sin embargo, la dependencia y el paternalismo fácilmente ocurren cuando damos grandes sumas de dinero a personas para trabajar en su propio país. No digo con esto que no se puede hacer, sino que deberíamos calcular el costo, enfrentar la realidad de lo que tratamos de hacer y evitar hacer generalizaciones negativas acerca de los diferentes acercamientos.

Apoyar a los evangelistas y misioneros nacionales puede realmente ayudar con la carga que la iglesia local tiene, pero puede tener un aspecto negativo, la iglesia puede dejar de enviar.

El argumento del costo

El argumento más estridente en este debate es el que dice que el costo de enviar misioneros occidentales es muy alto comparado con la cantidad que se necesita para mantener a obreros nacionales. Mencioné algunas de las cantidades que circulan al inicio de este capítulo. Todo el tema del dinero y las comparaciones hechas entre los nacionales económicos y los misioneros caros se llegan a distorsionar demasiado y encuentro que algunas de las cosa que se dicen causan molestia por su inexactitud.

Muchos no están dispuestos a poner atención al hecho de que aunque los nacionales, con frecuencia viven de forma económica como solteros, en sus propias culturas, cuando tienen familia, a menudo, el costo parece aumentar enormemente, en especial si están interesados en enviar a sus hijos al extranjero para su educación. No los critico por esto, pero se vuelve una burla de la declaración que los obreros nacionales son más baratos.

Algunas de las personas que se mantienen con menos dinero en el campo misionero, son occidentales en programas a corto plazo.

Hay algunas excepciones, pero en mi experiencia, con unos pocos miles de dólares se pueden cubrir sus necesidades de un año.

Ellos pueden vivir en dormitorios o en hospedaje compartido. En los barcos de OM y JUCUM, los obreros cristianos probablemente viven más barato que en cualquier otro lugar en el mundo. Por supuesto ellos sólo viven en unos cuantos metros cuadrados y por esto, muchas familias no son aceptadas.

Algunas de las iglesias que se quejan acerca de lo mucho que cuesta mantener a los misioneros, necesitan preguntarse ¿cómo ellos que gastan su dinero? Con frecuencia encuentro que los pastores reciben un salario mayor, que los misioneros que fueron enviados por la iglesia, y que les dan casa y algunos otros lujos también (esto no siempre es así con pequeñas iglesias, donde los pastores reciben con dificultad algo para vivir, y en algunos casos tienen que buscar un empleo para poder llevar el pan a la mesa). Me parece absurdo que una iglesia, que tiene varios millonarios y un programa de edificación que vale de 7 a 8 millones de dólares, se queja de recaudar 30,000 libras esterlinas ($48,000) para una familia que trabaja en el extranjero.

El costo del mantenimiento de un misionero, por supuesto, varía grandemente de un lugar a otro en el mundo. Esta complejidad, de apoyar económicamente a un misionero en Francia es diferente a apoyar a uno en la India, por ejemplo, con frecuencia no se toma en consideración. A esto se añade la irresponsabilidad de aquellos que circulan datos que 25 libras esterlinas ($40) al mes son suficientes para sostener a un obrero nacional. Simplemente no es verdad. Las cosas son mucho más complejas que esto. Pudiera ser que 25 libras esterlinas de aquí, y 25 libras de allá, y un empleo puedan proveer lo suficiente.

Sin embargo, esto puede poner a la gente que no tiene suficiente dinero para su sustento, bajo una presión económica, que algunas veces acaban siendo deshonestos e incapaces de manejar dinero en la obra de Dios.

Estoy convencido de que en ciertos países, algunas personas juntan obreros que no tienen un llamado de Dios, y les pagan un salario para hacer la obra cristiana. Ellos simplemente necesitan un trabajo, ya que hay un desempleo masivo, así que ellos forman fila para trabajar en la obra cristiana. Si tienes dinero los puedes contratar. Ellos no tienen suficiente entrenamiento y sus vidas, a menudo, se descontrolan. Después que se casan y tienen niños ya el dinero no es suficiente para mantenerlos, y el resentimiento, las heridas y la confusión llegan. Estas son cosas que no podemos permitir en esta gran tarea de la evangelización mundial.

Es esencial aceptar que se necesita una inversión mayor para la preparación efectiva de misioneros. También necesitamos entender que si pensamos que patrocinar misioneros nacionales es algo así como un atajo milagroso para terminar la tarea rápidamente, entonces cometeremos graves errores. No hay atajos, sencillos, baratos, o descuentos en el mundo misionero, aunque haya formas a través de las cuales podemos economizar o ser más diligentes.

En casa o en el exterior, se necesita un panorama más completo para liberarnos de ambos extremos de la poca sensatez, ya sea, que es poco sensato enviar misioneros o patrocinar a nacionales. Cuando la mayor parte del dinero viene del extranjero con frecuencia deja a la iglesia local fuera de la jugada.

No podemos permitir la desunión entre aquellos que sienten que deben invertir su dinero patrocinando a nacionales y aquellos que quieren involucrarse en mandar misioneros de su propia iglesia o país. No todo debe juzgarse basándose en el dinero.

> "La Gran Comisión nos llama no sólo a enviar (dinero), sino a nosotros. Así como el Padre envió a su Hijo que se volviera hombre y que habitara entre nosotros, Jesús nos envía al mundo para identificarnos personalmente con aquellos que alcanzaremos. Esto no siempre será la solución más económica,

pero será la mayor demostración de amor: Nos preocupamos lo suficiente para renunciar a nuestra comodidad y estilo de vida para compartir el amor de Dios con otros." (Craig Ott, reporte de la Misión Evangélica)*

No debemos permitir que la ignorancia de la situación misionera cause malos juicios sobre este asunto. Un buen número de líderes cristianos occidentales tiene un punto de vista distorsionado de las misiones porque no han experimentado las mismas. Algunas veces esta ignorancia puede resultar en juicios falsos acerca de los misioneros.

Sus cualidades y comportamiento son juzgados por el ambiente de alta presión cultural, que hemos creado en occidente, con todos sus patrones falsos.

Algunas de estas personas, obreros excelentes en el campo misionero, ni siquiera se les permite dar sus testimonios en algunos perfectos, "comprometidos a la excelencia", cultos de domingo. Pienso que esto debe entristecer al Señor de la cosecha, quien quiere ver que los millones que no han oído nunca, reciban el evangelio de Jesucristo, así como aquellos de occidente, alimentados a

---

* Tomado de: *Let the Buyer Beware* (Deja que el comprador lo sepa) de Craig Ott, reporte de la Misión Evangélica (julio 1993, Apdo. Postal 794, Wheaton, IL, 60189). Usado con permiso.

cucharadas como estamos, con todo, comida y postre espiritual.

Es tiempo para el arrepentimiento y el quebrantamiento, para un crecimiento de la gracia y un cambio de la forma subjetiva de pensar, a la objetiva forma bíblica de pensar acerca de cómo podemos continuar con la respuesta al desafío de Hechos 1:8.

Aquellos que somos de occidente, ya sea que hagamos énfasis en enviar recursos para el sustento de la iglesia nacional en otros países o en la preparación y envío de misioneros, podemos trabajar juntos para completar la Gran Comisión, la cual arde hasta hoy en día en el corazón de nuestro Señor Jesucristo.

Sugerencias para lectura:

We are the World (Nosotros somos el mundo), de David Lundy (Editorial OM)

Too Valuable to Lose (Muy valioso para perder), de William D.Taylor (Biblioteca William Carey)

Friend Raising (Reuniendo amigos), de Betty Barnett (Editorial JUCUM)

People Raising (Reuniendo personas) de William Dillion (Editorial Moody)

6

RECURSOS FINANCIEROS
PARA LA OBRA

~~~

¿De dónde saldrá el dinero?

Para el individuo que es guiado por Dios para ir a otro país al campo misionero, uno de los grandes desafíos que deberá enfrentar será el de recaudar fondos. Tradicionalmente a los pastores en el mundo se les paga un salario. Algunas denominaciones grandes también les pagan un salario a sus misioneros, especialmente en los países más ricos.

La mayoría de los misioneros que salen al extranjero, sin embargo, viven "por fe".

No me gusta realmente este termino "por fe" porque sugiere una distinción que no debería realmente aplicarse. Después de todo se supone que debemos vivir por fe, confiando en Dios para nuestras necesidades, sin importar la forma en que Él las suple. El término se usa como un tipo de taquigrafía cristiana para describir a obreros que no tienen un salario en el sentido usual, pero que confían en Dios que les provee, a menudo, a través de iglesias y de donaciones individuales para cubrir el costo del trabajo que hacen. El término "misiones por fe" se usa para describir misiones cuyo personal se mantiene de esta forma. Básicamente, significa recaudar tu propio sustento.

Recaudando dinero

En este capítulo, en primer lugar, quiero hablar del dinero para las misiones desde el punto de vista de una persona que está pensando entrar a este tipo de trabajo y que intenta vivir "por fe" en el sentido descrito antes. En la segunda sección quiero decir algo acerca de la iglesia que da para la obra misionera.

Las organizaciones e individuos varían enormemente en el planteamiento de este complejo tema de la recaudación de dinero.

En su excelente libro *People Raising* (Reuniendo personas), subtitulado, *A Practical Guide to Raising Support* (Una guía práctica para recaudar fondos), William Dillon sugiere un espectro de diferentes métodos, con el de George Mueller en un extremo "sólo con oración" y el de D.L. Moody en el otro extremo "con oración, información y petición" y el de Hudson Taylor en medio "con oración e información pero sin petición". Entonces él dice: "La pregunta es: ¿Qué modelo enseñan las Escrituras exclusivamente para recaudar fondos? La respuesta es: No hay un modelo. Hay muchos modelos y métodos diferentes."

Como con todos los debates complejos en la iglesia, mi ruego es por un punto de vista equilibrado que vea todo el panorama de la responsabilidad de la iglesia para edificar el Reino de Dios. Esto, como Dillon da a entender, involucrará desarrollar respeto por los métodos de otros grupos e individuos y también un sentimiento de gratitud hacia aquellos que dan para el engrandecimiento del Reino, ya sea que den de sus riquezas o de lo poco que tienen.

Una buena comunicación acerca del tema del dinero es esencial si las personas quieren entender el panorama mundial. Debemos alejarnos de la actitud que dice que no es espiritual hablar acerca de dinero. También rogaría por un mayor entendimiento de los principios bíblicos de las finanzas, y sobre todo por una actitud que diga, no importa cuáles son nuestras actividades para reunir fondos o quién firme los cheques, Dios es el que finalmente provee todos nuestros recursos y quien se merece nuestro agradecimiento.

Uno de los principales fundamentos bíblicos que enseña sobre el pago a los obreros cristianos es 1 Corintios 9:7-14.

> *¿Quién fue jamás soldado a sus propias expensas? ¿Quién planta viña y no come de su fruto? ¿O quién apacienta el rebaño y no toma de la leche del rebaño? ¿Digo esto sólo como hombre? ¿No dice esto también la ley? Porque en la ley de Moisés está escrito: No pondrás bozal al buey que trilla. ¿Tiene Dios cuidado de los bueyes, o lo dice enteramente por nosotros? Pues por nosotros se escribió; porque con esperanza debe arar el que ara, y el que trilla, con esperanza de recibir del fruto.*
>
> *Si nosotros sembramos entre vosotros lo espiritual, ¿es gran cosa si segáremos de vosotros lo material? Si otros participan de este derecho sobre vosotros, ¿cuánto más nosotros? Pero no hemos usado de este derecho, sino que lo soportamos todo, por no poner ningún obstáculo al evangelio de Cristo. ¿No sabéis que los que trabajan en las cosas sagradas, comen del templo, y que los que sirven al altar, del altar participan? Así también ordenó el Señor a los que anuncian el evangelio, que vivan del evangelio.*

La verdad de este pasaje es que la persona que es guiada a las misiones al exterior ha sido aceptada en la obra del Reino y por esto espera recibir salario, ya sea como salario en el sentido normal o a través de las donaciones de hermanos cristianos comprometidos. Si tú estás en la obra de Dios no debes sentirte culpable de recibir este salario. Ni siquiera debes sentirte culpable si las personas hacen sacrificios para que tú recibas este salario. No debes obsesionarte con tener un estilo de vida sencillo (Lucas 10:7). Tú eres como el buey en el pasaje de 1 Corintios y así como Pablo señala, Dios dice que es para nuestro beneficio.

Una de las dificultades surge cuando alguien dice que ha sido llamado a dedicarse completamente a un ministerio, pero por una u otra razón las personas en la iglesia local no aceptan a esta persona; y esto ocurre con frecuencia cuando ellos no son consultados, y sólo se les dice que esa persona va a ser misionero. Durante años hemos visto el interesante fenómeno donde las personas dicen que han sido guiadas por Dios, pero después dan la vuelta y critican la iglesia por no recaudar dinero para su sustento. He encontrado personas que dicen aun andar por fe, y no piden dinero a los hermanos, rápidamente se desarrolla una actitud errónea si la iglesia no es entusiasta y no envía dinero. Todo esto se relaciona con la necesidad de una mejor comunicación y de dar cuentas desde que la persona empieza a interesarse en la obra misionera.

Algunos dirían que el problema no es tanto la dificultad de aceptar dinero de otros como obrero cristiano, sino que, con frecuencia, lo que se recibe no es suficiente para vivir, y que las iglesias que envían misioneros deben ser convencidas del valor de invertir en este tipo de trabajo. No debería ser así. Las iglesias necesitan desarrollar una visión bíblica del dinero.

Una de las formas para ayudarlos a hacer eso, y mejorar la situación de aquellos que viven del dinero que aportan los hermanos cristianos de las iglesias, es asegurarnos que estos estén bien informados de las necesidades de los misioneros.

La comunicación con la iglesia local es vital. La iglesia local es la más importante para enviar personas y recibirlas de regreso. Si tú estás siendo guiado a la obra misionera y la iglesia no está involucrada, entonces compártelo con ellos y espera su confirmación. Tú necesitarás ser sincero y honesto con ellos acerca de tus necesidades, con amor y en una forma que consigas que te apoyen en tu proyecto. Algunas veces puede haber una conspiración de silencio en las iglesias hacia las necesidades de otras personas.

Con cualquiera que hables, tu iglesia, otros grupos e individuos, desarrolla buenas habilidades de comunicación que ayuden a superar esto. Algunas iglesias en realidad tienen más personas que desean ir que las que pueden sostener.

Esto puede causar desilusión y tensión si no se maneja en una forma llena de gracia.

Las habilidades de simplemente hablar con amor y eficacia uno con otros, cara a cara, por teléfono y por cartas debe ponerse en práctica. Esto requiere del conocimiento y entendimiento del contexto de la vida de las personas que pueden estar considerando dar. Usa material impreso para comunicar. Piensa en preparar aun una carta de presentación acerca de tu persona. Tal vez podrías pedir a alguien que conoce tu trabajo que escriba algo acerca de ti. En lo que desarrollas estas habilidades para recaudar para tu propio sostenimiento, piensa al respecto, y comunica las necesidades de toda la obra también. Se sabe muy bien que las cantidades mayores y los más fieles para brindar apoyo financiero vienen de amigos y de la familia en la iglesia. Creo que muchos de ellos están listos y dispuestos a dar con alegría para ayudarte con tu sustento, pero necesitarás asegurarte que cada uno tenga la oportunidad de hacerlo.

Así como comunicas tus necesidades, desarrolla tu propia visión. Sin una visión el trabajo de recaudar fondos se convierte en un trabajo fatigoso. Recuerda que el propósito de la obra de la cual vas a formar parte es llevar el evangelio a los perdidos. Esta es la visión que me guía e inspira al trabajar y orar hacia la apertura financiera. El dinero realmente es necesario. Si las personas pueden evitar ir al infierno de alguna otra forma, entonces no necesitamos preocuparnos. Esta realidad debería causar que luchemos por los recursos que necesitamos y no intimidarnos por retrasos y desánimos que seguro encontraremos. Parte de una actitud saludable hacia la provisión de recursos para una persona, es el cultivo de un equilibrio entre la oración, actuar y sobre todo, confiar en Dios. Puedo ilustrar este principio general con una historia muy dolorosa. En 1982 Jonathan McRostie, era el director de Operación Movilización en Europa, tuvo un accidente automovilístico que lo dejó minusválido. Cuando supimos del accidente, movilizamos miles de personas para orar por esta situación. Al mismo tiempo, hicimos todo lo que estuvo a nuestro alcance, le dimos la mejor atención médica. Un helicóptero lo llevó a uno de los mejores hospitales en Europa, donde recibió el tratamiento con los mejores doctores. Sin embargo, finalmente todo lo que podíamos hacer, era confiar en Dios, que Él lo cuidara. Oramos, hicimos lo que pudimos y después lo dejamos en las manos de Dios.

En Operación Movilización muchas veces se nos ha hecho difícil establecer un equilibrio en el área de las finanzas. En el principio era una norma no mencionar las necesidades financieras fuera de la organización a menos que se pidiera específicamente, ni permitíamos que los jóvenes que venían a nuestros programas mencionaran sus necesidades o las nuestras directamente. Creíamos que debíamos confiar totalmente en la oración intercesora para la movilización de fondos, mientras respetábamos a otros grupos por los métodos que ellos usaban. Les confieso que en ocasiones esta política nos guió a sentimientos de superioridad y de "superespiritualidad" cuando veíamos los esfuerzos más directos de otros para recaudar fondos. Esto también causó división, ya que aplicaban esta política más rigurosamente que otros. Era obvio que la información acerca de nuestras necesidades llegaba a otros. Los visitantes de los grupos de oración supieron de ellas y muchas personas escribían acerca de esto en sus cartas personales. Las donaciones de personas generosas se basaron obviamente en la información que venía de OM. Esta política no tenía la intención de decir en una forma simple que confiábamos "sólo en Dios y no en las personas" pero para muchos parecía así.

Hace algunos años cambiamos el énfasis de la política para dar un mayor reconocimiento, de lo que tal vez no tuvimos en el pasado, a la enseñanza bíblica que Dios usa individuos e iglesias para suplir las necesidades de aquellos que sirven a Dios. Ciertamente el Nuevo Testamento habla mucho más acerca de esto, en lugar de "mirar a

Dios solamente" con respecto a las necesidades financieras.

Una vez que se reconoció esto ampliamente, entonces se volvió importante la necesidad de información de buena calidad, para aquellos que podrían involucrarse en dar. Nos comprometimos en la recaudación de fondos y creo que nuestro énfasis ahora es más bíblico de lo que fue, esto es: Intensa oración intercesora, seguida de una conducta sensible, dando información, y detrás de todo, una dependencia en Dios para proveernos (mientras tanto continuamos recordándonos de la necesidad de respetar los diferentes enfoques que tienen otros de este complicado asunto). Dios puede hacer lo imposible pero Él también trabaja con su pueblo día por día, en una forma sensata, sana y pacífica. Hudson Taylor, fue una persona reconocida por su oración y confianza en Dios para proveer fondos, fue también un excelente comunicador de su trabajo. Necesitamos su enfoque equilibrado.

Es importante reconocer que no es poco espiritual o mundano, concentrar nuestra oración en las finanzas. Watchman Nee en su libro *A Table in the Wilderness* (Una mesa en el desierto) dice:

Cuando se trata de necesidades financieras, comida, bebida, y dinero en efectivo, el asunto es tan práctico que la realidad de nuestra fe es puesta a prueba. Si no podemos confiar en Dios para que provea para las necesidades temporales de nuestro trabajo, ¿qué hay de bueno al hablar de las necesidades espirituales? Proclamamos a otros que Dios es el Dios viviente. Probemos su vida en el área práctica de las cosas materiales. Nada establecerá en nosotros la confianza en Él, necesitaremos ciertamente saber cuando vengan esas otras demandas espirituales.

Si estudiamos la parábola de la viuda persistente en Lucas 18:1-5, aprenderemos, la importante lección de la oración perseverante. Entonces cuando oremos, empezaremos a encontrar situaciones embarazosas y difíciles para probar la sinceridad de nuestras metas. Debemos ser extremadamente cuidadosos en el área de nuestras motivaciones.

¿Estamos realmente preocupados por la evangelización mundial? Cuando oramos por las finanzas, ¿lo hacemos pensando en metas específicas que glorifiquen a Dios? Él en ocasiones retiene el dinero porque está preocupado por el punto de vista erróneo que tenemos de Él. Por ejemplo, es erróneo pensar que podemos poner a Dios en una caja, e intentar forzarlo a hacer lo que queremos. El libro de Job nos enseña esto y nos muestra hasta dónde Dios probará a una persona. Es importante que mientras somos probados, no perdamos de vista las metas dadas por Dios. Porque Él no quiere destruir nuestras metas, sino purificarnos al movernos hacia ellas. Dios quizá nos pruebe a través de la preocupación por nuestras finanzas, pero preocuparnos nunca traerá una salida espiritual. Si no somos capaces de tener victoria sobre la preocupación, entonces pienso que es importante hablar y orar al respecto con un amigo cristiano.

En 1 de Juan 3:21-22, vemos con claridad la relación entre la obediencia y la oración contestada.

> *Amados, si nuestro corazón no nos reprende, confianza tenemos en Dios; y cualquiera cosa que pidiéramos la recibiremos de él, porque guardamos sus mandamientos, y hacemos las cosas que son agradables delante de él.*

Esto no significa, sin embargo, que cada vez que hay falta de dinero, que no hay respuesta inmediata a las oraciones, que una persona sea desobediente. Esta área requiere de un tremendo sentido de equilibrio. Aunque debemos evitar la falsa culpabilidad y la tendencia a convertirnos en introspectivos, necesitamos recordar también que cualquier pecado cometido puede ser un obstáculo a la oración. En el Antiguo Testamento se nos previene, que cuando un pecador ora, esa oración es una abominación. *La oración nunca será un sustituto de la obediencia.*

Algunas personas reaccionan negativamente a la presión que puede causar las enormes necesidades económicas de la obra que están planeando hacer. No les gusta que se les recuerde la necesidad que tienen de confiar que Dios proveerá esas grandes cantidades de dinero. No obstante, siento que esta dependencia es una de las grandes realidades dentro de la obra misionera. Setenta y cinco por ciento o más de la población mundial se enfrentan a un gran problema cada día, la supervivencia. El salario promedio anual de un individuo que vive en uno de los países más pobres del mundo es de entre 400 a 500 libras esterlinas (640 a 800 dólares) al año. Muchas personas tienen que trabajar 16 horas diarias para sobrevivir. A la luz de esto tal vez necesitamos mantener en mente las palabras de Hallesby en su libro sobre la oración: *Prayer is work* (Oración es trabajo) dice él. Quizá algunos de nosotros preferimos evitar este trabajo. Junto con la oración existe la necesidad de entrar en acción. Algo de esta acción será la comunicación vital con iglesias e individuos que ya he mencionado. Al mismo tiempo, es necesario que trabajes en tus propios medios para recibir fondos de otras personas.

Quizá haya algún entrenamiento apropiado que puedas hacer para sacar el mayor provecho del dinero que han dado los cristianos para tu sustento. Para una persona joven un programa a corto plazo de dos años quizá no sea suficiente. ¿Sería posible que programaras tu tiempo de nuevo o que cambiaras tu estilo de vida para que ahorraras más e incrementaras esos fondos? Muchos escritores cristianos hablan de la necesidad que los cristianos de países más adinerados modifiquen su estilo de vida considerando las condiciones mundiales. Paul Borthwick dice en su libro *How to be a World Class Christian* (Cómo ser un cristiano de clase mundial) lo siguiente:

> "Podemos escoger vivir de forma más sencilla para que otros, simplemente vivan. Hay suficiente para vivir, pero al compartir nuestra abundancia con otros nos hará reducir gastos, limitarnos voluntariamente, y vivir un estilo de vida que refleje nuestro conocimiento de las condiciones en nuestro mundo."

Él habla probablemente acerca de las necesidades físicas, pero lo que dice puede ser aplicado de igual forma a la necesidad de recursos, para llevar el evangelio a aquellos que lo necesitan, dondequiera que éstos se encuentren.

Una vez que se ha orado y actuado, debemos dejar todo a Dios. Decir esto no significa que Dios llene los espacios dejados entre la oración y la acción. Como cristianos sabemos que Dios cuida de todas estas cosas. Sólo por su gracia es que se logran las cosas a través de la oración y el trabajo. Sin embargo, llega un momento en que no podemos hacer nada más. Debemos, sin ansiedad, permitir que el Espíritu Santo actúe en aquellos con quien nos hemos puesto en contacto así como en aquellos con los que no pudimos hablar.

Dando dinero

Hasta ahora hemos abordado el tema de las finanzas desde el punto de vista de una persona que intenta entrar por fe a la obra misionera. La otra parte de la historia son los individuos y las iglesias que dan para el trabajo de estas personas. Las Escrituras nos enseñan mucho acerca de las finanzas y las donaciones. Hechos 2:42-47 es un pasaje importante sobre este tema:

> *Y perseveraban en la doctrina de los apóstoles, en la comunión unos con otros, en el partimiento del pan y en las oraciones. Y sobrevino temor a toda persona; y muchas maravillas y señales eran hechas por los apóstoles. Todos los que habían creído estaban juntos, y tenían en común todas las cosas; y vendían sus propiedades y sus bienes, y lo repartían a todos según la necesidad de cada uno. Y perseverando unánimes cada día en el templo, y partiendo el pan en las casas, comían juntos con*

alegría y sencillez de corazón, alabando a Dios, y teniendo favor con todo el pueblo. Y el Señor añadía cada día a la iglesia a los que habían de ser salvos.

Este es un pasaje maravilloso y las personas lo enfatizan en diferentes maneras de acuerdo a su punto de vista en particular. Creo que debemos aplicarlo en su contexto, incluyendo la parte que dice que vendieron sus posesiones para poder satisfacer las necesidades de otros. No digo que hay una ley que dice que los cristianos deben vender sus propiedades y dar las ganancias. Esta gente no lo hizo por causa de la ley sino porque amaban a las personas y vieron su necesidad y quisieron ayudar.

Tristemente, cuando viajo por el mundo, encuentro muy poca pasión para dar. Hay grandes excepciones, por supuesto, pero con frecuencia siento entre los cristianos una disposición para excusarse por la falta de dinero para la obra de Dios con dichos que suenan fácil. A los misioneros que se dieron por vencidos por falta de fondos se les dice "Dios realmente no quería que estuvieras allí" o "fue Dios quien congeló tu dinero". En algunos contextos por supuesto estas cosas pueden ser verdad pero necesitamos ser muy cuidadosos antes de decir una frase muy bonita que sacamos de un contexto para usarla en otro, donde es más que una excusa barata por la falta de pasión para proveer los recursos. Algunas veces me parece que los inconversos tienen más compasión y celo para conseguir recursos para la gente necesitada que los mismos cristianos.

Otro pasaje importante en las Escrituras es 2 Corintios 8:1-7:

> Asimismo, hermanos, os hacemos saber la gracia de Dios que se ha dado a las iglesias de Macedonia; que en grande prueba de tribulación, la abundancia de su gozo y su profunda pobreza abundaron en riquezas de su generosidad. Pues doy testimonio de que con agrado han dado conforme a sus fuerzas, y aun más allá de sus fuerzas, pidiéndonos con muchos ruegos que les concediésemos el privilegio de participar en este servicio para los santos. Y no como lo esperábamos, sino que así mismo se dieron primeramente al Señor, y luego a nosotros por la voluntad de Dios; de manera que exhortamos a Tito para que tal como comenzó antes; asimismo acabe también entre vosotros esta obra de gracia. Por tanto, como en todo abundáis, en fe, en palabra, en ciencia, en toda solicitud, y en vuestro amor para con nosotros, abundad también en esta gracia.

Dios nos conmina a abundar en la gracia de dar. ¿Suena eso a recaudar la ofrenda en la iglesia? Me sorprende la poca importancia que se le da en algunas iglesias a recoger la ofrenda. Con frecuencia, no hay una exhortación o presentación de las necesidades, sino sólo se dice una sencilla frase convencional. Si somos honestos al respecto, todos sabemos que la mayoría de las ofrendas en las iglesias son simplemente una miseria. Por supuesto que hay excepciones pero el dar en el pueblo de Dios, según muestran las estadísticas, es más o menos un escándalo. Muchas personas no abundan en la gracia de dar porque no saben lo que su dinero puede hacer. Ellos no saben que algunos centavos pueden comprar un folleto del Evangelio de Juan y que todo un movimiento del tamaño de OM puede surgir por el hecho de dar un folleto del Evangelio de Juan a un joven de 16 años. Muchos cristianos fallan al no darse cuenta que sin su dinero, las cosas no ocurrirán. Ellos piensan que alguien más cuidará de ello. Algunos aun usan la doctrina de la soberanía de Dios como una excusa de su propio materialismo o aun de su indolencia.

Dios quiere que la obra se lleve a cabo pero él nos hace responsables, así que somos nosotros quienes decidimos que las cosas ocurran o no. Hay planes de enviar 200,000 nuevos misioneros en los próximos años (ver capítulo 7). Esto no ocurrirá a no ser que los cristianos actúen para proporcionar el dinero para los planes. La poca disposición para dar se acentúa por el hecho que no queremos, como cristianos, hablar abiertamente sobre dinero. El sexo solía ser el tema intocable entre los cristianos. Ahora es el dinero. Necesitamos cambiar esto y llevar el tema a un plano totalmente abierto.

Ojalá que podamos comprender plenamente por qué debemos tener pasión y gracia para dar; por qué debemos aprender a dar de nuestro dinero a través de la oración, individualmente y en grupos; y por qué deberíamos ser más honestos y abiertos acerca del tema del dinero, aunque tengamos que arriesgarnos a ofender a otros. La razón que tengo para enfatizar estos puntos tan fuertemente, los cuales surgen de los dos pasajes mencionados, es una que ofende a algunos: que la falta de dinero es un factor principal por lo que la obra de Dios se detiene. Muchas personas no están cómodas con esta declaración, pero estoy convencido de que esto es verdad, además, otros escritores en misiones están convencidos de esto también. Stephen Gaukroger dice:

> Ahora que nos aproximamos al año 2000 mucho de la obra misionera se encuentra en una crisis financiera. Las agencias misioneras han tenido que rotar su personal, congelar salarios y restringir el desarrollo de nuevos proyectos. Hay literatura sin imprimir, o sí está impresa no se ha distribuido. Los fondos para inversiones fuertes no están disponibles, así que las organizaciones luchan con instalaciones inadecuadas, computadoras, y fotocopiadoras viejas y vehículos en

malas condiciones. Esto hace que el costo de la organización sea caro e ineficiente. Sin embargo, los recursos existen, sólo que el pueblo de Dios tiene que proporcionarlos.

Estimo que hay cerca de 35,000 jóvenes que han hecho un compromiso para hacer algún tipo de trabajo misionero. El hecho impactante es que probablemente 95% de ellos nunca llegarán a realizarlo. En parte la razón de esto es que en muchos casos ni siquiera tenemos el dinero para darle seguimiento a su compromiso inicial. No tenemos los materiales con la información y los libros que los equiparán para convertir su compromiso en acción para involucrar a la iglesia, para decirles a sus padres y para recaudar los fondos.

Investigaciones en los Estados Unidos han mostrado que el proceso de recaudar fondos desanima a los jóvenes que quieren ir a la obra misionera. Ellos necesitan que se les ayude con esto, pero en la mayoría de los casos no podemos hacerlo porque no tenemos el dinero para darles seguimiento. Deberíamos tener los materiales listos para los que hacen esta gran decisión, en dondequiera que estén en el mundo, para decirles qué es lo siguiente que deben hacer. Deberíamos invertir en esto de la misma forma que invertimos grandes cantidades de dinero para el seguimiento de campañas evangelísticas. Se nos dice que se necesita mucho más dinero para esto y estoy seguro que así es. Pero con algunas notables excepciones, el seguimiento de candidatos misioneros está olvidado.

Repito: La obra de Dios está detenida por falta de fondos. No hay suficiente dinero para entrenar posibles candidatos para las misiones. Existen muy pocas becas, por ejemplo, para las personas del Tercer Mundo para cursos bíblicos, aun así, personas de países ricos invierten fuertes sumas de dinero en ellos mismos y en la educación de sus hijos.

Hay también una falta de dinero tremenda para los equipos que necesitan los misioneros en el campo para hacer un trabajo mejor y más efectivo. Con frecuencia pueden ser objetos pequeños, videograbadoras, algunos libros, una bicicleta o tal vez un vehículo. Yo viajo mucho y me interesan los aviones donde vuelo. Me pregunto si ¿sabes lo que cuesta un *jumbo jet* ? ¡Cuesta cerca de 300 millones de libras esterlinas (500 millones de dólares)! ¿Por qué los cristianos se especializan en ser tan limitados en su forma de pensar acerca de suplir los equipos que los misioneros necesitan para hacer el trabajo?

Desde la conferencia de Lausanne en 1974 ha habido un énfasis mayor para que las misiones y ministerios provean las necesidades físicas y otras, así como llevar el evangelio a ellos. Muchos misioneros se desalentaron por esta carga adicional puesta en ellos, mientras luchaban con recursos limitados para su trabajo básico. Si la iglesia se preocupa por lograr el equilibrio entre suplir las necesidades espirituales de la gente y sus otras necesidades entonces debe aceptar lo mucho que cuesta hacerlo. Esto también está detenido por la falta de fondos.

Se necesita dinero para movilizar la iglesia para reclutar misioneros y orar por la obra misionera. Los materiales y los métodos de comunicación que se necesitan para mantener informados a los cristianos de la situación mundial para que puedan orar y actuar son caros. Se nos dice que los métodos modernos de comunicación, como el correo electrónico, son baratos. El correo electrónico ciertamente es barato una vez que has comprado tu *modem* y entrenado a las personas para usarlo y has empleado a alguien para supervisar la red. Todo necesita fondos. Yo estimo que tenemos cerca de 10% de lo que se necesita para movilizar a la iglesia para orar y tomar acción en las misiones. Sí, aún la capacidad de la iglesia para orar eficazmente y planear para actuar está detenida por la falta de fondos.

He escrito en este capítulo acerca de la necesidad de que aquellos que planean entrar a las misiones y el ministerio, tomen la iniciativa para el planteamiento de la recaudación de fondos y contar con que serán apoyados voluntaria y gozosamente por individuos e iglesias sin sentir culpa y con un sentimiento que, como obreros en la viña del Señor, son dignos de su salario. Si esto ocurriera con todas las personas que deciden entrar a este tipo de trabajo entonces no habría necesidad de cambiar la manera de pensar de la iglesia. Muchas personas que leyeran esto ya estarían dando a las misiones y otros no podrían dar más ya. Mi deseo no es hacerles sentir culpables, sino que mi ruego es por una visión de toda la iglesia de lo que el dinero puede lograr, si estuviera disponible para la obra misionera. Busquemos a Dios juntos, para aprender de su Palabra y los unos de los otros, para que en lo que creemos en fe y obediencia en esta tarea podamos ver que hay dinero suficiente para suplir nuestras necesidades legítimas y para hacer que el evangelio llegue hasta lo último de la tierra.

Sugerencias para lectura:

Take My Plastic (Toma mi tarjeta de crédito), de Peter Maiden (Editorial OM)

Prayer (La oración), de O Hallesby (IVP)

Building a Support Team (Edificando un equipo de apoyo), de Ted Hilton (OM Canadá)

Libros de referencia:

How to be a World-Class Christian (Cómo ser un cristiano de clase mundial), de Paul Borthwick (Libros Victor)

Sugerencia de cintas para oír:

Does The Lack of Funds Hinder God's Work? (Afecta a la obra de Dios, la falta de dinero?) y *Fund Raising is Team Work* (Recaudar fondos es trabajo de equipo), de Jorge Verwer.

7

HECHOS 13, ROMPIENDO BARRERAS 2000

~~~

La necesidad de 200,000 nuevos misioneros para el nuevo milenio

Nunca en la historia de la iglesia ha habido tantos programas especiales y campañas en el mundo. Las metas y los objetivos más altos en la historia de la iglesia han sido establecidos hoy en día por varias agencias y denominaciones. Muchas de estas organizaciones se han unido en el movimiento de "AD 2000 y más allá". Las metas de este movimiento son que cada persona en el mundo debe recibir el Evangelio y que debe plantarse una iglesia en cada grupo no alcanzado. Una rama de este movimiento es responsable de animar y coordinar la movilización de 200,000 nuevos misioneros para el año 2000. Esta visión ha sido llamada "Hechos 13, Rompiendo Barreras

2000", en respuesta al ejemplo de la iglesia en Antioquia, de Hechos 13:2, que obedeció a la dirección de Dios para:

Separadme a Bernabé y Saulo para la obra a la cual los he llamado.

Como director de esa rama en particular, con frecuencia me he sentido desanimado y con un sentimiento de que es imposible movilizar este número de nuevos obreros. A veces, los objetivos de algunas personas y grupos involucrados parecen no sólo irreales sino ridículos y en algunos casos no están de acuerdo con las enseñanzas bíblicas. Al mismo tiempo, estoy convencido de que en el debate para establecer las metas, hay más argumentos a favor que en contra. Estoy comprometido a trabajar con aquellos que aman al Señor para edificar sobre las enseñanzas de la Palabra de Dios para alcanzar estos objetivos. Para todo el que debate, una cosa es cierta: Las metas y visiones de éste y otros movimientos nunca serán una realidad sin la movilización masiva y la educación de millones de creyentes.

Así como lucho con mis propias dudas y las de otros acerca de este movimiento, he sentido una renovación en mi propia vida y mi visión. Dios me ha reprendido por mis dudas. En un vuelo de Córdoba a Buenos Aires en Argentina en 1996, Dios me reveló y puso ideas en mi mente de cómo lograr esta meta.

Antes de ver los detalles de cómo y de dónde se pueden reclutar los 200,000 nuevos misioneros, pensemos en la situación mundial y el carácter del esfuerzo misionero en el cuerpo de Cristo que está haciendo necesario aun considerar este número de nuevos obreros.

Una de las razones más abrumadoras de querer movilizar este gran número de nuevos misioneros, es el tamaño de la tarea de la evangelización mundial. Hay ahora en la India tanta gente como la que había en todo el mundo cuando William Carey, el gran misionero a la India, empezó en 1973. Hay estadísticas que muestran claramente que la iglesia cristiana crece más rápido en proporción, que la población mundial. Esto, por supuesto, es una gran noticia, pero la población mundial está moviéndose hacia la exorbitante cantidad de 6,000 millones de personas. ¿Cómo empezamos a calcular el número de obreros cristianos que se necesitan para alcanzarlos? No pienso que los cristianos comunes, especialmente en los países occidentales, son capaces de contestar esta pregunta porque ellos no tienen un buen conocimiento de la explosión demográfica mundial.

¿Quién hará el trabajo?

Cuando pensamos acerca de la tarea de alcanzar esta gran cantidad de personas, podemos visualizar el trabajo realizado por los que pensamos son "misioneros tradicionales", personas que trabajan "jornada completa", de toda una vida en el campo misionero, testificando de Cristo, enseñando la Biblia y plantando iglesias entre, hasta ahora, personas no alcanzadas. Por supuesto hay misioneros así, pero en muchos sentidos es una ilustración falsa, la cual puede distorsionar la visión del número de obreros que se necesitan para llevar el evangelio a todo el mundo. Quizá necesitemos ajustar nuestra visión de cómo se ha hecho el trabajo misionero. Podemos mirar esto bajo cuatro secciones:

Primero. Hay un alto porcentaje de misioneros que regresan del campo. Hay muchas razones de por qué los misioneros regresan antes, quizás por enfermedad o para ocupar puestos en las oficinas locales. Me pregunto si algunos misioneros regresan antes por la falta de entrenamiento adecuado. Una vez que están en casa quizá continúen con su trabajo, pero se necesita alguien más para tomar su lugar en el campo misionero. Este punto viene forzosamente por la estadística que dice que el tiempo promedio para un misionero "jornada completa" en el campo, es de 10 años. A la luz de esto quizá necesitamos revisar nuestra impresión de la carrera de un "misionero tradicional" y lo que puede lograr.

Segundo. Muchos de los que van al campo misionero realizan un tipo de trabajo que no es directamente evangelístico, algunas veces conocido como "hacedores de tiendas".

Hay dos categorías de "hacedores de tiendas". Primero, están las personas que van específicamente para compartir su fe y edificar el Reino. Entrenados con una especialidad y preparados para el país, pasarán la mayor parte del tiempo haciendo su trabajo pero la motivación principal de estar allí será ganar almas para Cristo. Segundo, están los hacedores de tiendas quienes, por la providencia de Dios, van a otra cultura porque su empleo los lleva allá.

Muchos indianos, coreanos, filipinos americanos, británicos y muchos otros son esparcidos por todo el mundo porque necesitan un trabajo. Muchos están felices en sus propias iglesias pero están renuentes al alcance transcultural. Sin embargo, ellos deberían hacer un compromiso por la evangelización y las misiones, entonces de la noche a la mañana cambiarían de misioneros potenciales a misioneros reales. El conocimiento del idioma puede hacerlos especialmente competentes. No estoy al tanto de alguna estadística que pueda decirnos el tamaño de esta fuerza misionera en potencia. Sin embargo, por muy vital que sean estas dos categorías de "hacedores de tiendas" ellos no son obreros de jornada completa en la evangelización, enseñanza bíblica y plantación de iglesias. Los contamos como misioneros, los cuales ciertamente son. Pero así como estimamos el número necesario para lograr algunos de los objetivos ambiciosos que la iglesia está estableciendo, deberíamos tener cuidado en distinguir entre los diferentes tipos de trabajos que hacen los misioneros.

Al lanzar la visión como la de "AD 2000 y más allá" no tratamos de manipular el tipo de trabajo que las iglesias les pidieron a sus misioneros hacer. Por supuesto los llamados refuerzos en misiones son vitales. Pueden imaginarse ¿cuántos excelentes administradores, mecánicos o técnicos en computación se necesitan para el funcionamiento de una organización misionera mundial? Estas personas siempre se necesitarán. Cada uno de nosotros en nuestras diferentes organizaciones y denominaciones tendremos nuestro enfoque y visión particulares. Sin embargo, cuando pensamos acerca del número de personas que queremos enviar a testificar, a enseñar la Biblia y plantar iglesias, también necesitaremos pensar acerca de este otro gran número de personas que se necesitan para apoyarlos.

Los 200,000 incluirán un buen número de adultos. Muchos de ellos están bien equipados para ministerios de "hacedores de tiendas" y también para tareas de apoyo. Muchas personas se están jubilando jóvenes y otros se sostienen a sí mismos; lo cual es una gran ayuda. La sociedad ya no habla de una carrera, sino de dos o tres, o cuatro. Aun los setenta años de edad, muchos están tomando nuevas carreras. Hay un enorme potencial de obreros entre este sector de la sociedad. Ellos pueden tomar posiciones en las oficinas locales, dándole la oportunidad a los jóvenes que puedan ir y aprender nuevos idiomas. Es más difícil aprender un nuevo idioma una vez que entraste a los 50 años, aunque no hay duda de que algunos probarán lo contrario. Esperamos que estos 200,000 nuevos misioneros incluirán muchos "hacedores de tiendas" así que es difícil medir exactamente todo lo que el Espíritu Santo está haciendo. Habrá muchos obreros en el campo en respuesta a la oración que no aparecerán en las estadísticas, pero cuando lleguemos al cielo nos daremos cuenta que ellos fueron parte del movimiento de AD 2000 o de algo que ocurrió antes o después de éste.

Tercero, en la misma forma que muchos misioneros van a trabajar para apoyar o como "hacedores de tiendas", muchos van a lugares en el mundo donde la iglesia ya existe y no a las personas no alcanzadas. El Reporte Mensual Misionero de marzo de 1996 dice:

> Posiblemente 80% de todos los misioneros son enviados a áreas del mundo donde la iglesia ya se ha plantado, la necesidad urgente es enviar la mayoría de los nuevos misioneros a las áreas donde el evangelio no se ha predicado, por lo menos donde la necesidad es mayor que el lugar donde la iglesia ya existe. Cada congregación local puede ayudar a reorientar los recursos misioneros al establecer la meta de ayudar a enviar y apoyar misioneros asignados a obras pioneras en el mundo. Algunos quizá sean enviados como "hacedores de tiendas", obteniendo empleos técnicos o profesionales en "países cerrados" y así poder dar su testimonio personal del evangelio.

Cuarto, una forma en la cual una visión simplificada y tradicional de lo que hacen los misioneros puede distorsionar nuestra forma de pensar acerca de la cantidad que se necesita, es en el área de ministerios más completos lo cual se mencionó en el capítulo anterior. Después de todo no sólo se deben ganar almas para Cristo y plantar iglesias, sino que también tratamos de edificar el Reino de Dios entre cada grupo de personas en el mundo. Algunas personas ven esto como una nueva aproximación. Esto, en efecto, no es nuevo en muchas agencias misioneras. Por cierto no es nuevo para el Ejercito de

Salvación, por ejemplo. Muchos evangélicos no estaban tan familiarizados con esta aproximación antes del congreso de Lausanne en 1974. El convenio que surgió como resultado del congreso, dice:

> "Aunque la reconciliación con el hombre no es una reconciliación con Dios, ni la evangelización con acción social y la liberación política es salvación, aun así afirmamos que la evangelización y la participación socio-político son ambas cosas parte de nuestras responsabilidades cristianas. Para ambas son necesarias las expresiones de nuestra doctrina de Dios y el hombre, nuestro amor por el prójimo y nuestra obediencia a Jesucristo."

A través de la influencia de muchos hombres y mujeres, incluyendo un buen número de latinoamericanos, se ha acordado por un gran número de líderes misioneros que debemos ser más completos en nuestra aproximación y combinar la ayuda social con el evangelismo básico. Por supuesto, que al decir esto, necesitamos comenzar a calcular el costo, porque se necesitan más obreros si esta será nuestra aproximación. Yo pienso en Juventud con Una Misión quienes se concentraron en un ministerio social completo en Amsterdam. En cierto momento tuvieron más de 300 personas sólo en Amsterdam, una ciudad que ya tenía muchas iglesias. Las estadísticas muestran que una cuarta parte de los misioneros transculturales de Europa y América están actualmente ocupados en traducción, evangelización, plantación de iglesias, y en la enseñanza. Y tres cuartas partes de ellos están asignados a la administración y trabajo de apoyo (mencionado antes) y a ministerios tales como agricultura, aviación, desarrollo de la comunidad, alfabetización, medicina y entrega de alimentos. Las investigaciones han mostrado que, por lo general, es difícil para los misioneros tener mucho tiempo para compartir el evangelio con inconversos.

Este es un asunto importante que enfrentamos. ¿Cuántos de nosotros sabemos el personal que se necesita para operar un hospital?; ¿cuántas personas se necesitan para un programa de rescate de niños de la calle en una gran ciudad de Brasil?; ¿cuántas personas se necesitan para el funcionamiento de una casa de asistencia social?; ¿cuántas personas se necesitan para una estación de radio o televisión?; y ¿cuántas personas para una casa editorial en países como Bulgaria o Mongolia o en algunos otros campos misioneros donde la literatura se necesita desesperadamente?; ¿qué acerca del personal de las escuelas, de los institutos de entrenamiento y de los colegios bíblicos en todo el mundo?; ¿qué acerca de todas las otras tareas que son básicas para una agencia misionera completa de gran tamaño? Todas estas preguntas deberían hacernos pensar acerca de las cantidades en una nueva perspectiva. Cuando hacemos nuestras declaraciones ambiciosas acerca de todas las cosas que queremos hacer, para suplir las necesidades físicas y otras de las personas, deberíamos empezar a hablar de los obreros y el dinero para hacer esto posible. Debemos empezar a llevar la iglesia a un cambio radical para que ellos entiendan que muchas de estas ambiciones serán sólo declaraciones si no conseguimos el personal necesario para ello.

¿Cómo puede hacerse?

He dicho que hay cuatro formas, por lo que tendemos a subestimar el número que se necesita para completar las metas que se han fijado y que éstas deben verse en el contexto de la explosión demográfica en el mundo. Algunos de nosotros también tendremos que cambiar nuestra manera de pensar acerca de algunos de los métodos con los cuales queremos alcanzar las metas. Hoy día, casi cada nación (aunque no toda la gente) esta haciendo ambas cosas, enviando y recibiendo misioneros. Este cambio radical ha afectado a Operación Movilización. Hace 20 años Gran Bretaña por ejemplo era mayormente un país enviador. Hoy día también es un principal campo misionero receptor dentro de OM. Muchas otras misiones están enfrentando el mismo desafío. Necesitamos entender que sin importar lo que decimos o aun lo que grandes líderes misioneros digan, este cambio está ocurriendo, nos guste o no.

Tal vez no pensamos que un gran número de brasileños debería venir a evangelizar en Gran Bretaña. En un sentido no importa lo que pensamos porque ellos vendrán de cualquier manera. Habrá personas de Papua Nueva Guinea que vengan a evangelizar a Europa. Los japoneses ya han enviado misioneros a muchas partes del mundo, aunque la iglesia japonesa siempre se describe como muy pequeña. Aunque sea pequeña es obvio que es muy saludable en ciertos lugares. Ellos han estado enviando misioneros a Bangladesh, por ejemplo, durante algún tiempo. El convenio de Lausanne previó este cambio, hace cerca de 25 años. Dice esto:

> "Los misioneros deberían de fluir siempre, libremente de cualquier lugar y hacia los seis continentes en un espíritu de servicio humilde. La meta debería ser, por todos los medios disponibles y lo más pronto posible, para que toda persona tenga la oportunidad de oír, entender y recibir las buenas nuevas."

Así que cuando tratamos de planear este aspecto de la visión con todas sus complejidades, no queremos entrar en la controversia de los detalles acerca de quién hace qué y quién va a dónde.

Podemos tratar de influir las personas de forma constructiva sobre estos asuntos, pero los detalles de la visión, sólo se comprenderán cuando las denominaciones principales, y las iglesias mayores se apropien de esto.

En el mundo de las misiones estamos viviendo muy diferente a como era hace veinte años. Es importante entender que cuando oramos por 200,000 personas no estamos hablando acerca de misioneros tradicionales de occidente únicamente. Si somos honestos en reconocer lo que el Espíritu Santo está haciendo ahora, entonces estamos hablando de personas que vienen de todas partes del mundo y que van a todas partes también, como la convención de Lausanne sugirió. Cuando nos demos cuenta de esto tal vez la meta de 200,000 no sea una locura después de todo.

Por supuesto, es aceptable estar muy preocupados por el número de personas que se enviarán; y dar por sentado que las metas se pueden alcanzar por tal y tal número de misioneros de este lugar que viajen y trabajen en aquel lugar. Mantén en mente que nuestra preocupación principal no es los números, sino completar la tarea, para obedecer al Señor. Mi visión es que la evangelización mundial está atada no sólo a los misioneros sino a la iglesia y al crecimiento de ella. Una vez que un misionero planta una iglesia, entonces esa iglesia se vuelve igualmente importante en cualquier trabajo que continúe en ese lugar, es la dinámica combinación de la obra misionera y el crecimiento de la iglesia, que juntos abrirán la brecha. Déjenme darles dos ejemplos. Si las iglesias de Uttar Pradesh, India captan la visión para los musulmanes alrededor de ellos, entonces tal vez un relativo y pequeño número de misioneros, ya sea del extranjero o de otras partes de la India, podrían ser necesarios para evangelismo y plantación de iglesias.

Hasta el momento no ha ocurrido en un alto grado, por lo tanto, miles de misioneros del exterior fácilmente podrían ser usados en Uttar Pradesh, donde hay más de 150 millones de personas de los cuales más del 19% son musulmanes.

Lo mismo sucede en Turquía, la cual podría absorber varios miles de misioneros más y no lograr ver el resultado. Sin embargo, si hay una brecha, y si, como resultado de la oración y los 300 a 400 obreros que hay allí ahora, Turquía empieza a conocer a Cristo, y la iglesia turca empieza a establecerse, entonces ellos pueden completar la obra de los misioneros pioneros por sí mismos, sin la necesidad de un mayor número de misioneros foráneos. No es el número de misioneros foráneos lo que es importante. Es verdad que la plantación de iglesias en algunos de estos países que son tan grandes (70 millones en Turquía) necesitará un significante número de misioneros. Sin embargo, estoy convencido de que si tenemos aun un octavo de los 200,000, de pronto en los próximos años, dirigiéndonos a la ventana 10/40 entonces, sujeto a ver brechas en respuesta a la oración, podríamos completar las metas que creemos Dios nos ha dado. Mientras tanto es mi convicción que al menos que un mayor porcentaje de iglesias bíblicas del mundo se involucren en el evangelismo y las misiones, la tarea no se completará ni con los 200,000 nuevos misioneros.

La multiplicación de la iglesia ocurre en muchos países del mundo. A través del impacto del sorprendente movimiento DAWN (Discipulando a toda nación) y otros, denominaciones completas han empezado a planear su crecimiento y multiplicación.

Algunos de nosotros podríamos considerar esto como algo normal, sin embargo, muchas denominaciones no piensan de ese modo, especialmente de iglesias multiplicadoras. Mis preguntas, especialmente para los que están involucrados en la multiplicación de iglesias, son estas: ¿Por qué no podemos multiplicar iglesias que están en el modelo de Hechos 13?

¿Por qué no podemos multiplicar iglesias que inmediatamente empezarían a pensar con seriedad acerca de las misiones, aun si son pequeñas, o nuevas? Después de todo la iglesia de Antioquía era pequeña y nueva. Si pudiéramos, esto significaría que todas estas nuevas iglesias podrían al menos estar trabajando para mandar a su Pablo y Bernabé tan pronto como fuera posible. Esto podría traer una revolución completa a la escena misionera. Al momento, muchas iglesias pequeñas, especialmente en el Tercer Mundo, sienten que no pueden hacer esto. Ellos quizá no tengan el dinero; o tengan problemas para pagarle al pastor; no se sienten lo suficiente maduros o no tienen establecidos el tiempo suficiente. Después de un par de años muchos de ellos ya están en el síndrome de supervivencia. El pensamiento de enviar un misionero va más allá de ellos. A pesar de esto muchos líderes cristianos en el Tercer Mundo han captado la visión de Hechos 13. Ellos ven que aun una iglesia pequeña, posiblemente en unión con otra, puede ser posible que envíen al menos un misionero.

¿Cómo pueden los cristianos en lugares como el Reino Unido, Estados Unidos, Canadá y en otros países más ricos, con cientos de miles de personas en el ministerio, pensar que 200,000 para el resto del mundo es una cantidad muy alta o que no se necesitan? Es una paradoja que necesitamos consultarla con nuestra mente. Hay iglesias que tienen un personal pagado de hasta 50 personas que no están enviando misioneros profesionales a lugares en el mundo donde la iglesia no existe y donde las Escrituras no se han distribuido. Tal vez esto sea difícil para algunos enfrentar esta realidad.

Hay algunas iglesias modelo que han enfrentado esta realidad y están intentando encontrar un equilibrio entre lo que invierten en su propio ministerio local y lo que dan para el resto del mundo. Sin embargo, parece que una desequilibrada visión del dinero representa también un importante papel en el pensamiento de algunos líderes cristianos y organizaciones. Algunos salarios descomunales se pagan a ciertas personas, especialmente a aquellos en posiciones ejecutivas o a pastores principales de las grandes iglesias. No es una sorpresa que se diga que los misioneros americanos cuestan demasiado. Esto ha dado lugar a otra generalización acerca de los misioneros americanos. Algunas iglesias en occidente han decidido no enviar misioneros de su propia iglesia porque consideran que es más barato apoyar a nacionales. Información falsa acerca de lo que cuesta mantener nacionales ha traído mucha confusión y heridas a la obra de Dios en muchos lugares.

Sólo un mínimo porcentaje del dinero del Señor va a las misiones transculturales. Si realmente creemos que el evangelio es para todos, entonces con seguridad la situación debe cambiar. Cada creyente e iglesias deben estar listos para dar, apasionada y gozosamente, un mayor porcentaje del dinero del Señor, para la obra misionera y especialmente a la causa de llegar a los no alcanzados. Los líderes evangélicos también deberían hablar más valientemente acerca de la necesidad de enviar más misioneros a la mies.

Los números

Empecé este capítulo explicando cómo Dios me animó en un vuelo de Córdoba a Buenos Aires en Argentina; que me sacó del desánimo que sentía acerca de la gran cantidad de personas que es necesario reclutar para realizar la visión de "Hechos 13, Rompiendo Barreras 2000". ¿Cómo podrían reclutarse 200,000 personas? ¿De dónde saldrían?

Comencé a entender que una forma de detener que el dato de 200,000 pareciera intimidante, era dividirlo en partes. La tabla 1 explica esto. Muestra cuántos obreros tiene que mandar cada iglesia de acuerdo a su tamaño. La palabra clave de Hechos 13 es "iglesia". Es la iglesia quien debería enviar los obreros y hay más de un millón de iglesias en el mundo.

Por supuesto existe un debate en la iglesia acerca de si las iglesias deben enviar los misioneros por sí mismas o si deben siempre depender de las agencias misioneras y su experiencia. No quiero escribir acerca de este debate por el momento. Y como siempre, el caso es encontrar un equilibrio entre las dos cosas, eso es lo que se necesita. El punto aquí más fundamental se explica muy bien en un capítulo del libro de Bob Sjogren y Bill y Amy Stearns *Run with the Vision* (Corre con la visión) que trata sobre este debate. Ellos dicen:

> "Sin considerar las opciones —las agencias e iglesias locales que envían misioneros o grupos que tienen una visión real de enviar misioneros— el estar involucrado en el campo misionero es crucial para que la iglesia local tenga la visión del corazón de Dios hacia todo el mundo."

La tabla 1 muestra cómo la meta que se han fijado podría completarse si sólo 100,000 iglesias se involucraran de esta manera.

TABLA 1

NÚMERO DE IGLESIAS necesarias para enviar 200,000 nuevos misioneros
(De acuerdo con el país y la región)
(Esto representa menos del 10% de las iglesias en el mundo)

Autralia	2,000
Canadá	5,000
Caribe	1,000
Centro América y México	5,000
Europa Oriental	5,000
Pacífico del Este Asiático	4,000
Gran Bretaña	5,000
Corea	5,000
Nueva Zelanda	1,000
Resto de África	6,000
Escandinavia y Finlandia	1,200
Sudáfrica	4,000

América del Sur	10,000
Sur de Asia (incluye India, Nepal, Pakistán, Sri Lanka)	15,000
Estados Unidos	25,000
Europa Occidental	4,800
Resto del mundo	1,000
Total	100,000

La tabla 1 necesita verse en conjunto con la tabla 2 que da instrucciones de la cantidad de personas para los diferentes tamaños de las iglesias. Estas son sólo instrucciones que podrían lograrse si las iglesias se apropiaran de toda la visión.

Las iglesias necesitarán tener reuniones específicamente para contestar la pregunta: ¿Cuántos nuevos obreros nosotros estamos planeando enviar en los próximos años?

TABLA 2

Iglesias de más de:	
(número de personas)	Envían

10,000 20

5,000 10

2,000 5

1,000 4

500 2

menos de 500 1

También es de ayuda el dividir el número de obreros, de acuerdo a la zona de donde vendrán. La tabla 3 da esta información. No podemos dictaminar dónde escogerá Dios a estas personas para enviarlas, pero sabemos que en la forma en que van los acontecimientos, ellas vendrán de todas las naciones del mundo donde existe la iglesia del Señor.

TABLA 3

Lista del número de iglesias en las diferentes regiones

Europa Occidental

Irlanda	100
Bélgica	100
Francia	150
España	150
Portugal	100
Italia	100
Grecia	50
Austria	50
Suiza	1,000
Alemania	2,000
Holanda	1,000
Total	4,800

Escandinavia

Noruega	500
Dinamarca	100
Suecia	300
Finlandia	300
Total	1,200

Europa Oriental

Polonia	500
Rep.Checa	100
Eslovaquia	100
Hungría	350
Rumanía	200
Bulgaria	50
Ucrania	300
Albania	100
Latvia	50
Bielorrusia	30
Estonia	55
Lituania	50
Croacia	30
Eslovenia	30
Serbia	55
Rusia	3,000
Total	5,000

Sudamérica

Argentina	1,250
Bolivia	500
Chile	1,000
Perú	250
Ecuador	250
Paraguay	250
Colombia	500
Venezuela	500
Guyana	100
Surinam	100
Guyana Francesa	50
Uruguay	250
Brasil	5,000
Total	10,000

Centroamérica

Guatemala	1,000
Nicaragua	350
Panamá	200
El Salvador	400
Costa Rica	1,000
México	2,000
Belice	50
Total	5,000

Los datos en la tabla 3 pueden mirarse como pensamientos llenos de esperanza para algunos. Es cierto que la realidad será mucho más compleja que lo que pueda mostrar cualquier tabla o dato. Sin embargo, éstas no son tan intimidantes como parecen. Por ejemplo la tabla 1, de las iglesias mayores, buscamos que 200 envíen 20 obreros nuevos. Hay miles de estas iglesias muy grandes en el mundo y algunas ya han hecho esto. Lo que queremos es que haya un aumento en el proceso que ya existe. En la parte inferior de la tabla 1 sugiere que 50,000 iglesias podrían enviar un nuevo misionero. Esto suena como a muchas iglesias pequeñas, pero existen por lo menos un par de millones de ellas y un número importante ya están enviando misioneros.

Los números no lo son todo

Dividir la cantidad en esta forma nos da algo concreto en qué concentrarnos. Sin embargo, no se obsesionen con los números. Involucren a su iglesia y su denominación. Ellos contextualizarán esta visión a su propia situación, y pedirán la guía de Dios de lo que deben hacer y con qué número involucrarse. Especialmente llevemos todo el asunto al corazón de nuestro ministerio de oración. En Mateos 9 el Señor nos exhorta a rogar al Señor de la mies que envíe obreros a su mies. Si escoges orar por más de 200,000 obreros transculturales nuevos, ¡gloria a Dios!. Ten misericordia de nosotros Señor, que nos concentramos en este pequeño número que aun se considera alocado por un buen número de miembros del cuerpo de Cristo.

Es importante recordar que la visión de "Hechos 13, Rompiendo Barreras 2000" sólo traerá frutos si se lleva a cabo en armonía con todo tipo de estrategias, visiones y principios divinos que Dios ha usado a través de la vida de la iglesia. Déjenme mencionar unas cuantas de éstas, que deben ir de la mano con la meta de reclutar un gran número de obreros nuevos para llevar el evangelio a todas las personas.

Primero. Necesitamos una renovación y realidad en las iglesias. Con esto quiero decir en primer lugar, que los cristianos se muevan de un andar con Dios superficial a un andar que acepta los desafíos que Él nos pone cada día frente a nosotros. Esto significa también un honesto y abierto intento para romper barreras entre las diferentes visiones y los diferentes énfasis en la iglesia y trabajar para que el Espíritu Santo los una.

Segundo. Es importante que debe haber un "despertar de la gracia". Quiero decir con esto que haya un renovado énfasis del amor que se habla en 1 Corintios 13. Yo creo que al menos que tengamos más de ese amor los unos con los otros (individuos y organizaciones) nuestra gran visión de muchos obreros nuevos nunca será una realidad. Necesitamos a cada miembro del cuerpo de Cristo.

Se necesita una mayor disciplina en la oración, en estudiar la Palabra de Dios y en dar. Estas actividades básicas divinas no se pueden separar de las visiones que Dios nos ha dado.

Finalmente. Debemos estar al tanto de no permitir que pensamientos negativos destruyan la creatividad de la visión. La historia de la iglesia muestra que con frecuencia Dios obra en medio de lo que parece un desorden. Muchas veces lo que creemos que es una casualidad no lo es para Dios. Cuarenta y tres años de ministerio en todo el mundo y el estar relacionado con miles de personas, han confirmado mi visión que debemos trabajar por los patrones más altos de profesionalismo en todo lo que hacemos, Dios logra grandes cosas a través de las personas, organizaciones y situaciones menos pensadas. No esperemos que el reclutamiento de 200,000 nuevos misioneros en la iglesia sea un proceso nítido y ordenado.

Sugerencias para lectura:

Too Valuable to Lose (Muy valioso para perder), de William Taylor (Biblioteca de William Carey).